AF452648

TABLETTES DES RÉVOLUTIONS

DE LA FRANCE

DE 1789 A 1848

PARIS.—IMPRIMÉ CHEZ BONAVENTURE ET DUCESSOIS
55, QUAI DES GRANDS-AUGUSTINS.

TABLETTES DES RÉVOLUTIONS

DE LA FRANCE

DE 1789 A 1848

ET

ÉTUDES SUR LEURS SECRETS

ou

CONFLITS DES POUVOIRS SOUVERAINS

DANS LES AFFAIRES D'ÉTAT

PAR M. CADIOT

QUATRIÈME ÉDITION

PARIS

E. DENTU, LIBRAIRE-ÉDITEUR

Palais-Royal, galerie vitrée.

—

1855

PRÉFACE.

Ce petit livre a été écrit dans des intentions étrangères aux questions de parti.

Il est simplement le fruit de remarques politiques faites sur l'histoire de nos soixante dernières années.

L'auteur regrette beaucoup de ne pas avoir donné plus d'étendue à l'historique des événements qu'il ne rappelle que très-sommairement dans ces *Tablettes* trop exiguës.

Mais il n'a pu exécuter ce livre tel qu'il l'avait compris, et tel qu'il l'aurait voulu.

Malgré tout, cet ouvrage lui a coûté beaucoup de peine. Mais, comme l'a dit Joseph de Maistre, rien de ce qui se fait bien ne se fait vite. Et cela est également vrai pour les choses qui ne se font que passablement.

CITATION.

On lit dans Montesquieu, *Grandeur et Décadence des Romains*, chap. IV, ce qui suit :

« Les Romains eurent bien des guerres avec les Gaulois. L'amour de la gloire, le mépris de la mort, l'obstination pour vaincre, étaient les mêmes dans les deux peuples, mais les armes étaient différentes. Le bouclier des Gaulois était petit et leur épée mauvaise ; aussi furent-ils traités à peu près comme dans les derniers siècles les Mexicains l'ont été par les Espagnols. Et ce qu'il y a de surprenant, c'est que ces peuples, que les Romains rencontrèrent dans presque tous les lieux et dans presque tous les temps, se laissèrent détruire les uns après les autres sans jamais connaître, chercher ni prévenir la cause de leurs malheurs. »

J'ai eu deux raisons en faisant cette citation de Montesquieu, qui, en apparence semble étrangère à la matière traitée dans ce petit livre, mais qui s'y rattache néanmoins très-naturellement. Car si Montesquieu parle d'*instruments* de guerre, je viens parler, moi, d'*instruments* de gouvernement.

La première raison a pour but de montrer qu'il n'est pas nécessaire de faire un gros livre pour y consigner les remarques les plus graves et les plus importantes. Car Montesquieu explique en quelques lignes, je pourrais dire en quelques mots, l'infériorité des Gaulois contre les Romains, et la cause de tous leurs malheurs. « Le bouclier des Gaulois, dit-il, était petit et leur épée mauvaise. »

La seconde raison qui m'a fait rapporter cette citation est celle-ci : c'est que tout le monde admire les remarques de Montesquieu et les trouve profondément sages. Pourquoi ? Parce que c'est Montesquieu qui les a faites. Mais il est douteux que, dans ces temps reculés, pas plus qu'aujourd'hui, ces mêmes remarques eussent frappé les esprits, si un homme obscur, comme je le suis, les eût faites.

Pour être écouté, il faut un nom célèbre et un grand talent; je n'ai ni l'un ni l'autre.

TABLETTES DES RÉVOLUTIONS

DE LA FRANCE

— Chronologie des Journées révolutionnaires —

PREMIÈRE PARTIE.

Conflits des pouvoirs souverains dans les affaires d'État.

Journée du serment du jeu de Paume 20 juin 1789. — Cette journée est le résultat d'un conflit de pouvoirs entre Louis XVI, qui veut suspendre provisoirement les réunions de l'Assemblée nationale, et l'Assemblée nationale qui veut continuer ces mêmes réunions. Trouvant le lieu de ses séances fermé, l'Assemblée nationale se rend au Jeu de Paume de Versailles, et, là, elle jure de ne pas se séparer avant d'avoir fait la constitution.

Journée de la séance royale du 23 juin 1789. — Cette journée est le résultat d'un conflit de pouvoirs entre Louis XVI, qui casse les arrêtés de l'Assemblée nationale, et lui enjoint de se séparer par ordre; et l'Assemblée nationale, qui maintient ses arrêtés et continue ses délibérations. « Nous sommes ici, dit Mirabeau, par l'ordre du peuple, et nous n'en sortirons que par la puissance des baïonnettes. »   « Nous sommes ici ce que nous étions hier, dit Siéyès, délibérons. »

Journée de la prise de la Bastille. — 14 *juillet* 1789. — Cette journée est le résultat de conflits de pouvoirs entre Louis XVI, qui, d'une part, renvoie le ministère Necker, et, de l'autre, refuse l'éloignement des troupes réunies à Versailles : et l'Assemblée nationale, qui désire la conservation du ministère renvoyé, et qui demande l'éloignement des troupes. Une insurrection éclate à Paris ; elle s'empare de l'hôtel de ville, organise la garde nationale et prend la Bastille.

Journées des 5 ***et*** 6 ***octobre*** 1789. — Ces journées sont le résultat de conflits de pouvoirs entre Louis XVI, qui a différé l'acceptation de la Déclaration des Droits de l'homme, et qui veut, dit-on, dissoudre l'Assemblée nationale ; et l'Assemblée nationale, qui a pressé l'acceptation de cette Déclaration, et veut, par tous les moyens, éviter une dissolution par surprise. Bientôt une insurrection éclate à Paris ; elle marche sur Versailles, et amène Louis XVI dans la capitale.

Journée du 20 *juin* 1792. — Cette journée est le résultat de conflits de pouvoirs entre Louis XVI, qui ne veut ni accepter les décrets sur les émigrés, ni ceux sur les prêtres réfractaires, et qui de plus a renvoyé le ministère girondin : et l'Assemblée législative qui veut l'acceptation de ces décrets et la réintégration du ministère girondin, possèdant sa confiance. Une insurrection éclate à Paris. Elle marche sur les Tuileries pour faire accepter les décrets et rappeler le ministère. L'insurrection n'obtient pas dans cette journée ce qu'elle désire ; mais le 10 août suivant elle renversera la royauté.

Journée du 10 *août* 1792. — Cette journée est le résultat de conflits de pouvoirs qui ne furent point résolus au 20 juin entre Louis XVI et l'Assemblée législative. Elle est en même temps le résultat de la complicité de l'autorité de l'Assemblée législative et de celle de la Commune de Paris, qui voulaient renverser le trône. Bientôt une insurrection porte Louis XVI à se réfugier dans l'Assemblée législative, d'où il ne sortira que pour être conduit prisonnier au Temple, et de là sur l'échafaud. Il est à remarquer qu'il y eut dans cette journée absence de défense, le combat qui s'engagea avec les Suisses n'ayant été qu'un accident fortuit.

Journée des massacres du 2 *septembre* 1792. — Cette journée est presque le résultat d'un conflit de pouvoirs entre l'Assemblée législative, qui n'eût pas voulu cette journée, et la Commune de Paris, qui la voulait. Elle est en outre le résultat de la complicité de l'autorité de la Commune de Paris qui soudoya les assassins et présida aux massacres par ses agents officiels. Alors une insurrection éclate. Elle va égorger dans les prisons les suspects qu'on y a incarcérés les jours précédents. On veut, dit-on, faire peur aux royalistes, afin de se mieux défendre contre les Prussiens, qui ont pris Verdun et qui se disposent à marcher sur Paris.

Journées des 31 ***mai et*** 2 ***juin*** 1793. — Ces journées sont le résultat d'un conflit de pouvoirs entre la Convention nationale, qui veut protéger l'indépendance de la Gironde, et la Commune de Paris, qui, sous la direction de la Montagne, et avec l'appui du commandant de la garde nationale de Paris, veut et obtient, dans un but de domination, la ruine de la Gironde. Pour arriver à ce but, une insurrection formidable éclate à Paris. Henriot, commandant général de la garde nationale, est mis à la tête. Il pointe ses canons contre la Convention nationale et se fait livrer par cette assemblée vingt-deux girondins, les plus illustres de ses membres, qui sont conduits en prison et de là sur l'échafaud.

Journée du 9 ***thermidor*** 1794. — Cette journée est le résultat de conflits de pouvoirs entre le triumvirat du Comité de salut public, composé de Robespierre, de Couthon et de Saint-Just, qui, dans l'intérêt de sa domination, veut la ruine de la majorité de ce Comité et celle du Comité de sûreté générale, et la Convention nationale, qui veut le maintien de la majorité de ce Comité et la ruine du triumvirat. Lutte dans laquelle la Convention a besoin de se défendre tout à la fois contre le triumvirat, contre la Commune et contre le commandant de la garde nationale de Paris. La lutte commence d'abord dans la Convention, à la tribune, et se continue ensuite dans la rue avec l'insurrection. Robespierre et ses complices sont arrêtés, mais la Commune les délivre. Les canons de Henriot, commandant de la garde nationale, sont encore pointés contre la Convention, comme au 31 mai; cette fois les canonniers refusent de tirer. Alors, l'Assemblée, qui a confié sa défense à Barras et aux troupes conventionnelles, triomphe. Les conjurés sont définitivement arrêtés à l'hôtel de ville, puis envoyés à l'échafaud, où ils en ont fait monter tant d'autres.

Journée du 12 germinal 1795. — Cette journée n'est ni le résultat d'un conflit de pouvoirs, ni le résultat d'aucune complicité d'autorité. Aussi ne réussit-elle pas. Une insurrection marche sur la Convention nationale pour se faire déliver les membres des anciens comités qui ont été décrétés d'accusation. Cette insurrection est encouragée par des députés de la crête de la Montagne. Mais elle est repoussée, parce que la Convention résiste sérieusement, et parce qu'elle se fait défendre par la garde nationale et les sections accourues à son appel.

Journée du 1er prairial 1785. — Cette journée, comme celle du 12 germinal, n'est ni le résultat d'un conflit de pouvoirs, ni le résultat d'aucune complicité d'autorité. Aussi ne réussit-elle pas davantage. L'insurrection du 1er prairial, dirigée aussi contre la Convention nationale, et également encouragée par la crête de la Montagne, fut plus formidable que l'insurrection du 12 germinal, dont elle devait être la revanche.

Elle avait pour but de se faire déliver les prisonniers décrétés d'accusation, de rétablir la terreur, de dissoudre la Convention nationale et de proclamer la constitution de 1793. Mais cette insurrection n'eut pas plus de succès que celle du 12 germinal : 1º parce que, ainsi que nous l'avons dit plus haut, les éléments d'antagonisme qui manquaient au 12 germinal manquèrent également au 1er prairial ; 2º parce que l'Assemblée, que présida héroïquement Boissy d'Anglas, se défendit et se fit défendre énergiquement. Ce fut dans cette journée que l'infortuné Féraud fut assassiné.

Journée du* 13 *vendémiaire 1795. — Cette journée est le résultat d'un conflit de pouvoirs entre : la Convention nationale, qui a rendu un décret portant que les deux tiers de ses membres seraient réélus ; et les sections de Paris, qui (en vertu de la souveraineté que leur a donnée la constitution de 93) cassent ce même arrêté. L'insurrection qui éclate, encore formidable, pour dissoudre la Convention, n'est plus ultra-républicaine cette fois, mais elle est réactionnaire très prononcée. La Convention s'est préparée à la recevoir. Elle confie sa défense à Barras, qui s'adjoint Bonaparte ; la Convention s'est, elle-même, armée de sept cents fusils. Aussitôt que l'insurrection s'avance, Bonaparte, à coups de fusil et de canon, la repousse sur tous les points.

Conspiration de Babeuf, 17 *mai* 1796. — La conspiration de Babeuf ne réussit pas, parce que le Directoire se défend contre cette nouvelle tentative anarchique, et parce qu'il n'y a pas pour soutenir Babeuf d'autorité qui prenne parti pour lui. Il est arrêté. Babeuf voulait dissoudre le Directoire et les deux Conseils, ressusciter la constitution de 1793 et proclamer la communauté des biens pour arriver au bonheur commun. Au moment où l'on instruisit son procès, une tentative fut faite au Champ de Mars pour le délivrer; mais elle échoua également.

***Journée du* 18 *Fructidor* 1797.** — Le coup d'État du 18 fructidor est le résultat d'un conflit de pouvoirs entre : le Corps législatif, qui veut décimer le Directoire, et le triumvirat du Directoire, qui veut décimer le Corps législatif. Le gouvernement décime en effet le Corps législatif en lui arrachant, par la force, cinquante représentants, en même temps qu'il se décime lui-même en expulsant de son propre sein, aussi par la violence, deux de ses membres avec lesquels il est également en conflit. Dans cette journée, le Directoire, pour obtenir une majorité qui lui était refusée, se servit de l'armée contre les deux Assemblées qui formaient le gouvernement constitutionnel : le conseil des Anciens et le conseil des Cinq Cents.

***Journée du* 22 *Floréal* 1798.** — Cette journée est le résultat d'un conflit de pouvoirs entre le Directoire et le Corps législatif, puisque le Directoire annule, en grande partie, les élections des députés nommés en l'an VI, pour ne pas perdre la majorité, ou plutôt pour en avoir une nouvelle.

Journée du* 30 *prairial 1799.—Cette journée est le résultat d'un conflit de pouvoirs entre le Corps législatif (les conseils) et le Directoire ; puisque le Pouvoir législatif, devenu hostile au pouvoir exécutif par la majorité qui sortit des élections de l'an VII, décime à son tour le Directoire, en annulant la nomination de l'un des membres du gouvernement, et en imposant à deux autres l'obligation de se retirer, malgré les prescriptions de la constitution de l'an III. —Le Directoire avait violé la constitution de l'an III au 18 fructidor et au 22 floréal ; le Corps législatif la viole à son tour au 30 prairial 1799.

Journée du* 18 *brumaire 1799. — Le coup d'État du 18 brumaire est le résultat de conflits de pouvoirs entre : les membres du Directoire, le Directoire lui-même et les deux conseils législatifs. Bonaparte n'eût point réussi à s'emparer de l'autorité suprême sans ces conflits de pouvoirs, et s'il n'y eût été aidé par la complicité de la majorité du Directoire et par celle de la minorité du conseil des Anciens et des Cinq-Cents.

Complot de la machine infernale du* 3 *nivôse 1803. — Le complot de la machine infernale, qui avait pour but d'attenter à la vie du premier consul, n'entre pas dans le plan de cet écrit. Ce complot, au surplus, ne réussit pas.

Complot de Pichegru et de Georges Cadou-

dal, 15 *février* 1804. — Le complot de Pichegru et de Georges Cadoudal avait pour but, comme le complot de la machine infernale, d'attenter à la vie de Bonaparte, avant qu'il fût nommé empereur; il ne réussit pas plus que le premier. Ce second complot ne doit pas entrer davantage dans le cadre de ce livre.

Conspiration Mallet, octobre 1812. — Cette conspiration n'étant le résultat d'aucun conflit politique, n'amène aucune conséquence révolutionnaire. Cependant il est à remarquer que Mallet, qui voulait se substituer à Napoléon, en son absence, a eu un moment de succès, et cela au moyen d'un faux décret du Sénat qu'il avait fabriqué lui-même.

Conflit entre Napoléon et le Corps législatif. — 30 *et* 31 ***décembre*** 1813 *et* 1er ***janvier*** 1814. — Napoléon convoque le Corps, législatif, le 19 décembre 1813, et l'invite à s'associer à la défense de la France, au moment où commencent nos revers et nos malheurs militaires. Il rencontre dans l'assemblée une opposition inopportune quand la France va être envahie de toutes parts. On demande que Napoléon proclame qu'il ne veut pas conserver un territoire trop étendu; on demande que le sang des Français ne soit versé que pour défendre la patrie; on demande enfin que des institutions protectrices garantissent les mots consolateurs de paix et de patrie. Cette adresse est du 30 décembre 1813. Le même jour Napoléon fait fermer la salle des séances.

2.

Le lendemain, 31, il ajourne le Corps législatif, et le 1ᵉʳ janvier 1814, c'est-à-dire le surlendemain, il adresse aux membres du Corps législatif les paroles suivantes : « Députés du Corps législatif, vous n'êtes pas les représentants du peuple ; je le suis plus que vous : quatre fois j'ai été appelé par l'armée, et quatre fois j'ai eu les votes de cinq millions de citoyens pour moi... Dans votre adresse, vous avez mis l'ironie la plus sanglante à côté des reproches ;... vous avez cherché à me barbouiller aux yeux de la France ;... c'est un attentat !... La France a plus besoin de moi que je n'ai besoin d'elle.... N'êtes-vous pas contents de la constitution ? Eh bien ! il y a quatre mois vous eussiez dû en demander une autre.... Pourquoi parler devant l'Europe de nos débats domestiques ?... Il y a parmi vous des factieux que je poursuivrai.... » Ce conflit eut un grand retentissement en Europe, et porta un coup mortel à Napoléon en facilitant l'invasion étrangère. Mais si, à ce moment, le Corps législatif eût été un pouvoir indépendant, et si l'empereur n'eût pas été Napoléon, la guerre civile éclatait en France en même temps que la guerre étrangère, et notre malheureux pays subissait deux fléaux à la fois.

Chute de l'Empire, **22 juin** 1815.—La chute de l'Empire est remarquable par le conflit qui s'élève entre Napoléon, qui sent la nécessité de dissoudre la Chambre des représentants dans l'intérêt de la défense nationale, et la chambre des représentants, qui, ayant d'autres vues que Napoléon, déclare que toute tentative pour la dissoudre est un crime de haute trahison. Circonstance à laquelle Napoléon fait allusion dans sa seconde abdication : « Je comptais, dit-il, pour soutenir l'indépendance nationale, sur le concours de toutes les autorités. J'ai reconnu que les circonstances étaient changées. »

Journée du* 17 *avril 1827. — Un projet de loi sur la presse, surnommé par dérision projet de *loi de justice* et d'*amour*, voté par la Chambre des députés, et présenté à la Chambre des pairs, qui n'a pas l'intention de le voter, est retiré par ordre de Charles X. Des illuminations générales et l'envahissement des rues de la capitale par la population parisienne signalent le retrait de ce projet de loi. Ce jour-là il n'y eut point d'insurrection, mais une révolution était peut-être imminente, si le conflit eût été consommé par une délibération solennelle, et s'il eût eu, par conséquent, un résultat autre que celui qui lui fut donné ; et si, en outre, la multitude eût reçu alors, de la part des pouvoirs publics, le moindre des encouragements.

Journées des* 19 *et* 20 *novembre 1827. — Ces journées ne sont-elles pas le résultat de quasi-conflits qui existent entre le pouvoir exécutif et les deux pouvoirs législatifs? La Chambre des pairs n'a-t-elle pas récemment repoussé la loi sur le droit d'aînesse et, à peu près, la loi sur la presse? L'opposition de la Chambre des députés ne vient-elle pas de l'emporter dans les élections de la capitale contre les tendances bien connues du roi Charles X? Eh bien! c'est sous la pression de ces quasi-conflits, qui existent dans l'atmosphère politique, que les journées des 19 et 20 novembre éclatent. Car le peuple veut célébrer le triomphe de l'opposition dans les élections nouvelles, tandis que Charles X ne veut pas de ces manifestations populaires. Alors des barricades s'élèvent dans la rue Saint-Denis pour empêcher l'intervention de la police; mais bientôt la force armée arrive pour dissiper l'insurrection. Plusieurs personnes sont tuées ou blessées.

Révolution de juillet 1830. — Cette révolution est le résultat d'un conflit de pouvoirs entre la Chambre des députés, qui refuse son concours au ministère de Charles X, dit ministère du 8 août : et Charles X, qui fait les fameuses ordonnances de juillet pour soutenir son ministère et briser la Chambre des députés. La révolution éclate. Elle renverse Charles X et sa dynastie. Le duc d'Orléans le remplace sous le nom de Louis-Philippe Ier.

Journées des 5 **et** 6 **juin** 1832. — Ces journées ne sont le résultat que d'un quasi-conflit, le *compte rendu* de l'opposition de gauche de la Chambre des députés. Il n'y eut aucune complicité d'autorité, et l'insurrection qui éclata fut énergiquement réprimée. Par ces motifs, les journées des 5 et 6 juin n'ont amené aucune conséquence révolutionnaire.

Événements d'avril 1834. — Les événements d'avril 1834 furent l'œuvre des sociétés secrètes. En conséquence, nous ne les mentionnons que pour satisfaire à la loi de la chronologie ; car ils ne peuvent être d'aucune utilité à nos appréciations. Ces événements appartiennent à cette classe de conspirations traitée par Machiavel, dont le succès est presque toujours impossible, et qui n'aboutit jamais qu'à faire des victimes.

Journée du 12 mai 1839. — Cette journée n'est aussi que le résultat d'un quasi-conflit supposé et non réel. Comme d'ailleurs le gouvernement se défendit bien, cette journée ne pouvait avoir aucune conséquence révolutionnaire. L'insurrection pense que Louis-Philippe ne peut pas former un cabinet qui ait la majorité dans la Chambre des députés. Telle fut son erreur.

Révolution de février 1848. — Cette révolution est le résultat d'un conflit entre le pouvoir exécutif, qui ne voulait pas du banquet de Paris, et une partie importante de la Chambre des députés qui voulait de ce banquet. La Chambre devait même, à cette occasion, descendre dans la rue. Ensuite, il y a eu, dans cette révolution, complicité d'autorité dans un petit nombre de députés, et absence réelle de défense de la part du pouvoir royal et de son ministère.

Journée du 15 mai 1848. — Le complot du 15 mai est le résultat d'un désaccord supposé entre la Commission du pouvoir exécutif et l'Assemblée nationale, circonstance à l'égard de laquelle il faut attendre les révélations de l'histoire pour savoir si même il n'y a pas eu complicité avec l'insurrection de la part de certains membres de l'Assemblée nationale. On se rappelle que le 15 mai le sanctuaire de l'Assemblée nationale fut violé par la multitude ; que cette multitude audacieuse tenta de dissoudre le parlement par la force ; mais que ce crime ne s'accomplit pas, grâce au courage et au dévouement de la garde nationale de Paris. — Les collisions du pouvoir se reproduisent toujours dans les populations.

Journées des 23, 24, 25 ***et*** 26 ***juin*** 1848. — Ces journées sont très-significatives. — D'abord on lit dans un journal du 24 juin 1848 : « L'Assemblée nationale accuse la Commission du pouvoir exécutif ; elle l'accuse et ne la renverse pas. Double inconséquence ! car il faut ou la soutenir ou la révoquer. De leur côté, les membres de la Commission exécutive se plaignent de l'Assemblée nationale ; ils se plaignent de ne pas avoir sa confiance. Ils n'avaient qu'à la mériter. » — Dans cette situation, les journées de juin éclatent. — Eh bien ! si l'Assemblée nationale eût été liée à vie ou à temps fixe avec le pouvoir exécutif par une constitution ou par un contrat quelconque, que fût-il advenu ? Nous étions évidemment perdus.... L'Assemblée n'aurait pu confier au général Cavaignac les pouvoirs extraordinaires qui nous ont sauvés. L'Assemblée aurait dû faire une révolution avant d'accomplir cette mesure de salut. Mais l'Assemblée n'était pas liée avec le pouvoir exécutif, un scrutin suffisait pour remplacer un pouvoir exécutif dont on ne voulait plus, et pour créer un autre pouvoir exécutif dont on voulait. Ce scrutin a eu lieu, et la France a été sauvée.

Journée du* 13 *juin 1849. — On lit dans la *Presse* du 23 juillet 1849 : « Une nouvelle page devra être ajoutée aux *Tablettes* de M. Cadiot : c'est celle qui est relative à l'histoire de ces derniers temps. En effet, supprimez, par la pensée, l'un des deux pouvoirs rivaux, et le conflit auquel a donné lieu l'expédition de Rome disparaît, et la journée du 13 juin n'existe pas. »

———

RÉSULTATS.

Ainsi, les conflits des pouvoirs souverains dans les affaires d'État, par suite de la division de la volonté établie dans le gouvernement, ont produit, en France, les journées du 20 juin 1789 ; du 14 juillet 1789 ; des 5 et 6 octobre 1789 ; du 20 juin 1792 ; du 10 août 1792 ; du 2 septembre 1792 ; des 31 mai et 2 juin 1793 ; du 9 thermidor 1794 ; du 13 vendémiaire 1795 ; du 18 fructidor 1797 : du 22 floréal 1798 ; du 30 prairial 1799 ; du 18 brumaire 1799 ; du 22 juin 1815 ; des 17 avril, 19 et 20 novembre 1827 ; des 27, 28 et 29 juillet 1830 ; des 23, 24 et 25 février 1848 ; des 15 mai et 23 juin de la même année ; du 13 juin 1849.

C'est-à-dire toutes les révolutions ou journées révolutionnaires.

Que l'unité, au contraire, remplace la division dans le pouvoir souverain, et il n'y a plus de révolutions.

On dira que les révolutions sont toutes des résultats de conflits. Oui, sans doute ; mais ce petit livre ne s'occupe pas, à proprement parler, des révolutions qui résultent des conflits qui s'élèvent entre les peuples et les gouvernements, conflits qui sont très-rares. Cet ouvrage ne s'occupe que des révolutions qui résultent des conflits qui s'élèvent entre les pouvoirs et qui soulèvent les masses, conflits qui sont très-communs.—La France n'en a jamais eu que de ce genre.

DEUXIÈME PARTIE.

Réflexions politiques.

On a dit « que la division du pouvoir souverain, c'etait la liberté. » La liberté de qui? La liberté de quoi? Ce sont là des mots vides de sens.

Quand les pouvoirs sont d'accord pour la tyrannie, que peuvent-ils?

Tout.

Que peut-on contre eux?

Rien.

Quand ils ne sont pas d'accord?

Les révolutions surgissent.

On a dit « que la division du pouvoir souverain maintenait l'équilibre politique. »

Nous ne comprenons pas l'équilibre politique.

L'équilibre d'une balance ne peut durer.

Le moindre souffle de vent le renverse.

Il n'y a que les corps célestes, lesquels sont l'œuvre de Dieu, qui puissent se tenir en équilibre.

Qu'est devenu, au 18 brumaire, l'équilibre politique avec le Directoire, le Conseil des Anciens et le Conseil des Cinq-Cents?

Qu'est devenu, en 1830, l'équilibre politique avec l'infortuné Charles X, la Chambre des Pairs et la Chambre des députés?

Qu'est devenu, en 1848, l'équilibre politique avec Louis-Philippe (dont nous ne pouvons parler qu'avec respect), la Chambre des pairs et la Chambre des députés?

Cet équilibre politique n'est jamais qu'accidentel; au premier choc, l'expérience l'a prouvé, l'équilibre se rompt, et l'inviolabité du pouvoir inviolable se rompt en même temps.

———

On a dit « qu'une voiture à six ressorts était plus douce qu'une voiture à quatre; et qu'une voiture à quatre était plus douce qu'une voiture qui n'en avait pas. »

La voiture, c'était le gouvernement, c'est-à-dire le ministère.

Or, voici les ressorts :

1º Un pouvoir exécutif, indépendant des deux Assemblées, qui ne gouverne pas, mais qui concourra au gouvernement par la nomination ou la révocation du ministère;

2º Une première Chambre, indépendante du pouvoir exécutif et de la deuxième Chambre, qui ne gouverne pas, mais qui concourra au gouvernement par l'appui qu'elle accordera ou qu'elle refusera au ministère;

3º Une seconde Chambre indépendante du pouvoir exécutif et de la première Chambre, qui ne gouverne pas non plus, et qui concourra également au gouvernement par l'appui qu'elle accordera ou qu'elle refusera de même au ministère.

Voilà le mécanisme!

Et telle est la bonne, la solide position que l'on veut faire à un gouvernement, c'est-à-dire à un ministère. Cette position n'est pas celle que nous lui désirons.

Nous comprenons, quant à nous, l'emploi des ressorts et d'un mécanisme compliqué dans la division des pouvoirs administratifs : l'administration à plusieurs ressorts est, en effet, beaucoup plus douce.

Mais nous ne comprenons pas ce mécanisme dans la division du pouvoir souverain, dans la division du pouvoir politique.

Il est également évident pour nous qu'une voiture à plusieurs ressorts, dirigée par un seul cocher, est une chose fort douce. Et ce serait également une chose fort douce s'il pouvait y avoir deux autres cochers d'accord entr'eux pour diriger cette voiture au même but par la même route.

La voiture, c'est le ministère; le cocher, c'est le pouvoir souverain. Les trois cochers sont de même le pouvoir souverain, partagé en trois volontés.

Tout va donc bien, nous le répétons, si l'on marche d'accord au même but par la même route. Mais si les deux ou trois cochers, les deux ou trois souverains, dirigent la voiture chacun dans une direction opposée, elle se rompt immanquablement, et elle tombe en pièces.

Il en est de même du gouvernement, c'est-à-dire du ministère, quand il est tiré en sens contraire par le pouvoir exécutif, une première Chambre et une seconde Chambre.

Il faut qu'il se brise.

Et, en France, quand les gouvernements se brisent, ce sont des révolutions qui éclatent.

Voilà l'histoire de soixante ans!

Au mois de février 1848, la Chambre des députés, que nous ne voulons pas accuser, et que nous ne voulons pas défendre, n'eût point été chassée de son sanctuaire, si elle avait été la maîtresse de ses destinées, et si elle ne se fût pas fiée et n'eût pas dû se fier, pour sa propre défense, à un autre pouvoir, le pouvoir royal, pouvoir indépendant d'elle, chargé spécialement de la protéger contre toute attaque.

Cette Chambre, c'est-à-dire son opposition, a perdu la royauté par le conflit qu'elle a fait naître ; et la royauté a perdu la Chambre en ne la défendant pas contre l'insurrection qui l'a renversée.

Vous voyez donc bien que l'un des deux pouvoirs était de trop dans cette circonstance. Faites disparaître la Chambre, et la royauté se maintiendra; ôtez le roi, et la Chambre, se faisant vigoureusement défendre, ne périra pas.

Oui, la royauté eût vécu sans la Chambre ;

oui, la Chambre eût vécu sans la royauté.

Incontestablement, ou M. Guizot ou M. Duchâtel, à la tête du parlement, eût pu résister.

Les deux pouvoirs sont donc tombés l'un par l'autre, ou plutôt l'un à cause de l'autre.

Ils ont disparu comme les deux pouvoirs de 1791, comme les trois pouvoirs de l'an iii.

La révolution, c'est la division du pouvoir souverain.

M. de Valmy, dans son écrit *de la Force du Droit et du Droit de la Force*, après avoir dit que chacun aujourd'hui demandait que « la révolution finisse » a posé cette importante question [1] :

« Mais qu'est-ce que la révolution ? Est-ce le renversement de la monarchie en 1830 ou en 1848 ? Est-ce la république ? Est-ce le suffrage universel ? Est-ce le socialisme ? Il n'y a pas deux écrivains, dit-il, qui s'entendent à ce sujet dans le grand parti de l'ordre. La définition de la révolution est encore à trouver.

« Voici, continue M. de Valmy, celle qui nous a paru la plus vraie, et que nous livrons avec confiance à l'examen des hommes de bonne foi.

« Le principe de la révolution, c'est cette liberté de penser que nous venons de définir ; c'est cette liberté, sans règles et sans limites, qui aboutit tôt ou tard à la licence et à l'anarchie

[1] Tout ce qui est dit dans cet article a été imprimé à Auxerre en janvier 1851.

3.

dans l'ordre religieux, social et politique. La révolution elle-même n'est autre chose qu'un état plus ou moins avoué de licence et d'anarchie sous ce triple rapport.

« Si on veut que la révolution finisse, il suffit de donner des règles à la liberté de penser, il suffit que la raison impose des limites à sa périlleuse souveraineté[1]. »

Voilà la doctrine de M. de Valmy.

Nous comprenons, quant à nous, des règles données à la publicité ; mais nous ne comprenons pas des règles données à la liberté de penser, autres que celles établies pour la religion.

La pensée, indépendante de toute réglementation politique, passe subitement du doute le plus hardi à la conviction la plus modeste ; elle tombe tout à coup du sublime dans l'absurde ; elle va tour à tour avec une rapidité sans pareille des sujets les plus célestes aux sujets les plus vulgaires ; elle vole à la fois dans toutes les parties du monde habité et jusque dans les régions les plus fantastiques de l'univers le plus imaginaire ; elle est en même temps dans le ciel et sur la terre, et nous ne voyons pas le moyen de l'enchaîner. Enfin, plus énergique que la lumière, elle s'élance de l'obscurité la plus profonde des cachots dans le séjour de la plus éblouissante clarté. En un mot, la pensée est à l'âme, ce que la circulation du sang est à la vie : ses mouvements ne peuvent être dirigés que par la nature.

[1] Pages 14 et 15, deuxième édition.

Quant au libre examen en dehors de la religion. nous le répétons, si, en effet, c'est le seul mal, nous craignons bien, nous en avertissons M. de Valmy, que l'on ne trouve jamais de remède pour le guérir, parce que, de sa nature, le libre examen ne relevant que des lois divines, échappe nécessairement à toute volonté humaine.

Que M. de Valmy jette donc les yeux sur le tableau que nous avons présenté des révolutions de la France, et il partagera bientôt nos convictions sur la cause réelle des maux qu'il a déplorés.

Il comprendra que la révolution doit être définie par ces mots : *Division du pouvoir souverain ; Division de la volonté gouvernementale ;* parce que c'est la division du pouvoir souverain, ou la pluralité des volontés souveraines établies dans le gouvernement, qui amène les conflits politiques, et parce que ce sont les conflits politiques qui amènent les révolutions.

La division de la volonté souveraine, voilà LA RÉVOLUTION.

Exemples.

N'est-ce pas l'Assemblée nationale qui a enlevé à Louis XVI l'autorité royale ?

N'est-ce pas l'Assemblée législative qui l'a détrôné ?

N'est-ce pas la Convention nationale qui l'a tué ?

Est-ce que le triumvirat du Comité de salut public n'a pas décimé la Convention en envoyant en foule ses membres à la mort ?

Est-ce que la Convention n'a pas fait monter à son tour sur l'échafaud le triumvirat du Comité de salut public ?

Est-ce que le Directoire n'a pas décimé les Assemblées du peuple, les Anciens et les Cinq-Cents ?

Est-ce que ces mêmes Assemblées du peuple, à leur tour, n'ont pas décimé le Directoire ?

Est-ce que les directeurs et les représentants n'ont pas violé, chacun à leur tour, la constitution de l'an III ?

Est-ce que le corps législatif n'a pas voulu avilir l'empereur dans son adresse de 1813 ?

Est-ce que l'empereur n'a pas, dans sa réponse, qualifié cette adresse d'attentat ?

Est-ce que ce n'est pas la Chambre des représentants, bien plus que la bataille de Waterloo, qui a renversé Napoléon en 1815 ?

Est-ce que ce n'est pas la Chambre des députés qui, par son refus de concours, en 1830, a renversé Charles X ?

Est-ce que ce ne sont pas les députés opposants de la Chambre élective, par le conflit du banquet, qui ont causé, en 1848, la ruine de Louis-Philippe et l'ont fait tomber du trône ?

Ces faits-là, il nous semble, sont de notoriété publique.

Cependant il y a des gens qui n'y veulent pas croire.

La vérité, on la montre dans tout son éclat, et cette vérité, on ferme les yeux pour ne la point voir.

Les partis sont comme les individus ; leurs passions et leur orgueil leur font voir les choses autrement qu'elles ne sont, et pour fuir la vérité qu'ils ne veulent pas connaître, ils cherchent des prétextes pour s'expliquer à eux mêmes les choses, non comme elles sont, mais telles qu'ils les aiment ou telles qu'ils les veulent.

MÊME SUJET.

Eh bien ! non ; ce ne sont pas seulement les fautes des pouvoirs qui ont fait tomber ces pouvoirs. Ce sont particulièrement les instruments de gouvernement qu'on leur a mis entre les mains qui les ont détruits.

Mal assurés, ils sont tombés aux premiers coups que leur ont portés des minorités factieuses.

Non, ce ne sont pas les Français en majorité qui ont tué précisément tous leurs gouvernements ; car ces gouvernements ne pouvaient pas vivre.

Et, en effet, il n'est pas possible de conserver les choses qui, de la manière dont elles sont fondées, ne peuvent pas durer.

Oh ! répétons-le sans cesse, la cause de tous nos malheurs, c'est la division du pouvoir politique, c'est la division du pouvoir souverain.

Voilà ce que l'on ne voit pas, ou ce que l'on ne veut pas voir. Voilà ce que les historiens n'ont pas vu ou n'ont pas voulu dire.

Les secrets des révolutions.

Il faut bien qu'on le sache, le peuple qui souffre est presque toujours disposé à la révolte. La crainte seule le retient ; mais cette crainte disparaît quand il trouve au-dessus de lui excitation ou exemple.

Et c'est un fait que les conflits de l'autorité lui donnent cet encouragement. Quant aux hommes d'en haut, ils n'ont point reçu de la nature plus de courage que les hommes d'en bas. Mais leur position légale, sous laquelle ils s'abritent, leur donne un certain aplomb d'opposition, une certaine témérité révolutionnaire qui élève le peuple à un diapason analogue.

Le sang des masses bouillonne aussitôt, et il est bien rare qu'il ne l'entraîne pas au delà de ce que l'on aurait voulu d'abord.

Mais, tout part de la position légale qu'ont les premiers ; c'est là *un des secrets des révolutions*.

MÊME SUJET.

On ne saurait trop remarquer le double effet qui se produit dans les grands conflits des pouvoirs souverains dans les affaires d'État. D'une part, l'attaque est une, elle est pleine d'audace, d'espérance, elle ose tout ; de l'autre, la défense, à cause du conflit, est divisée, remplie d'incertitudes, de trouble, elle ignore où est le droit, et, par ces motifs, elle n'oppose point de résistance suffisante.

La révolte alors, comme le vent, pénètre avec violence dans les lézardes de l'édifice. Ou bien encore comme un fleuve sortant de son lit, elle déborde avec fureur aussitôt que la digue est rompue.

La garde nationale.

C'est pourquoi la garde nationale empêche plutôt la défense de se produire qu'elle ne l'aide à se manifester. Elle hésite presque toujours, à de rares exceptions près, par des motifs honorables, faciles à comprendre. Mais cette hésitation, en même temps qu'elle trouble le pouvoir, encourage l'émeute. C'est ce qui s'est vu au 10 août 1792 et depuis. La contagion atteint bien vite l'armée, ce qui, malgré les bons sentiments de la Garde nationale, démoralise tout au lieu de tout encourager.

De la faiblesse de l'autorité et de l'audace des révolutionnaires.

Les autres secrets des révolutions, c'est la faiblesse de l'autorité et l'audace des révolutionnaires.

En 1792, c'est la *journée de juin*, par le peu de danger que les insurgés ont couru, qui a amené la *journée du 10 août*.

En 1848, ce sont les *journées de février*, par le peu de danger que les insurgés ont également couru qui ont amené les *journées de juin*.

C'est surtout le lendemain que l'on fait des barricades, soit que la défense manque, soit quelle ait « le trouble dans l'esprit [1]. »

Quand on croit qu'il n'y a rien à craindre, elles s'élèvent comme des montagnes.

C'est là ce que l'on ne remarque jamais assez, mais ce à quoi cependant il importe beaucoup de bien faire attention.

Si les insurgés de juin 1792 eussent été punis, si les insurgés de février 1848 eussent été combattus, ce qui est arrivé ne serait point arrivé.

Quand certains outrages se tolèrent, tous les outrages se commettent.

Le jour où Louis XVI s'est laissé mettre le bonnet rouge sur la tête, ce jour-là le malheureux roi a dressé lui-même son échafaud.

On a écrit des milliers de volumes sur ce sujet. Mais nous n'en sommes pas moins dans le vrai, bien que nous renfermions nos assertions en quelques lignes.

Nous croyons, en un mot, à part les situations particulières qui, souvent, sont tout, et que l'on a le tort de laisser s'établir et s'aggraver,

[1] Expressions de M. Thiers : *La Monarchie de 1830*, page 17.

qu'il y a des actes énormes qui s'accomplissent sans courage de la part de ceux qui attaquent, et cela par le fait même de la lâcheté de ceux qui sont attaqués, ou par l'effet de scrupules très-respectables, sans doute, mais qui font le malheur d'une nation par les suites, mille fois plus malheureuses encore, qu'ils entraînent après eux.

L'imagination de l'homme, dont on connaît la promptitude, lui fait, presque toujours, deviner magiquement ce qui doit arriver. C'est l'opinion que l'homme s'est faite des gens avec lesquels il s'engage qui règle sa conduite. Ce que l'on ignore, c'est que l'homme le plus grossier, a, en ces matières, une vue et un odorat incomparables. Il voit tout et sent tout. Voilà pourquoi l'on ne risque jamais qu'en proportion de ce que l'on attend. Celui qui craint tout ne risque rien. Celui qui ne craint rien risque tout.

L'audace est un autre secret des révolutions.

De plus, le succès que les révolutions obtiennent les encourage partout.

Voyez les événements qui ont suivi 1830.

Voyez les événements qui ont suivi 1848.

MÊME SUJET.

On parle de la grandeur des révolutions, de la noblesse des révolutions ! Certainement, il y a de grandes et nobles révolutions.

Mais, nous le répétons, ce n'est pas de celles-là que nous parlons.

Quelle grandeur et quelle noblesse y a-t-il dans la révolution de février?

Quelle grandeur et quelle noblesse y a-t-il dans les Journées de juin qui ont suivi?

Dans les Journées de février, nous voyons le *conflit des pouvoirs* et les encouragements qu'il produit.

Dans les Journées de juin, nous voyons *l'audace* qui a surgi en même temps que l'idée supposée de la faiblesse de l'autorité.

Ce sont là les révolutions que nous n'aimons pas et que l'on ne peut jamais admettre.

Ces deux exemples justifient nos assertions avec une évidence éclatante de lumière.

Pour la révolution de février, la situation, c'est le banquet, situation que l'on a laissée grandir outre mesure.

Pour les journées de juin, la situation, c'est l'impunité des journées de février.

Le secret de ceux qui ne veulent pas de révolutions.

L'*audace*, ont dit Saint-Just et Danton, est *le secret des révolutions ;* la *résistance,* nous le prétendons, nous, est *le secret de ceux qui ne veulent pas de révolutions.*

La résistance bien entendue, toutefois.

Ce secret-là on peut l'apercevoir comme nous, si l'on veut y regarder de près.

Que l'on compare 1848 à 1852, au point de vue de l'ordre public.

Il ne faut pas avoir la simplicité de croire que tous les faiseurs de barricades soient à l'étranger.

Reste, il est vrai, les situations qui sont plus fortes que toute chose.

A cela nous répondrons qu'il ne faut pas les laisser naître.

C'est l'art de la politique de les découvrir avant que personne ne les ait vues.

Il faut des yeux de *lynx* pour cela.

Mais le don de prévoir est tout ce qu'il y a de plus rare au monde.

Il y a tant d'appelés et si peu d'élus!

MÊME SUJET.

Les situations gâtent tout en changeant l'opinion que l'on a de vous et de ce qui existe en même temps.

Il faut donc changer les situations qui dominent « les événements et les hommes[1]. »

« Une république sage, a dit Montesquieu, ne doit rien hasarder qui l'expose à la bonne ou à la mauvaise fortune : le seul bien auquel elle doit aspirer, c'est la perpétuité de son état[2]. »

Il doit en être ainsi d'une monarchie.

---

[1] Beaumarchais, *la Mère coupable*, acte IV, sc. iv.
[2] *Grandeur et décadence des Romains*, chap ix:

MÊME SUJET.

On n'attaque les gouvernements que quand on les croit faibles.

Quand on est gouvernement, il ne faut donc jamais donner de soi l'opinion que l'on est faible; ou il ne faut rien faire, par les situations qui en peuvent surgir, qui puisse donner de vous cette opinion-là, malgré vous et malgré votre valeur personnelle.

Le succès est ordinairement du côté de l'initiative et de l'énergie.

Et c'est une chose digne de remarque, que l'audace des révolutionnaires les abandonne quand ils ont affaire à de plus osés qu'eux. Nous avons vu ça au quartier Saint-Merry, dans les journées des 5 et 6 juin, où nous avons combattu personnellement contre l'insurrection.

Napoléon n'a pas été renversé par le peuple.

MÊME SUJET.

Que l'on ne dise pas que nous matérialisons les révolutions.

Ce sont les mauvaises et non les bonnes que nous condamnons.

Cependant il faut distinguer entre les réformes et les faits révolutionnaires.

Les réformes peuvent s'obtenir sans révoltes.

Les révoltes peuvent exister sans réformes.

Enfin, si les révolutions ont produit la liberté quelquefois elles l'ont tuée bien plus souvent.

Dans tous les cas, ce sont les effets et les causes que nous expliquons, et pas autre chose. Les découvertes des sciences sont bien constatées ; les découvertes de la politique doivent l'être de même.

MÊME SUJET.

Si nous avons tort, la balance de *Figaro* ne vaut rien.

Seulement, on se trompe en ce point comme dans d'autres.

Il faudrait encore retourner le mot de Danton, et ne pas avoir peur.

Tout est là.

La peur est la baguette magique qui a produit tout ce que nous avons vu. La plupart des grandes choses qui sont arrivées n'auraient pas eu lieu sans elle.

C'est elle qui a fait dire que nous vivions « au milieu des événements les plus extraordinaires, qui trompent toutes les prévisions, qui déroutent toutes les pensées et toutes les habitudes de l'humanité[1]. » C'est là ce qui fait dire souvent encore à un homme d'esprit, mais modeste, dont les avis éclairent[2], lequel avoue franchement que les événements modernes qui se sont passés devant ses yeux confondent sa raison et sa per-

[1] Expressions de M. de Salinis, évêque d'Amiens.
[2] M. A. Milbert.

A.

spicacité, lesquelles, ajouterons-nous, ne laissent pas néanmoins que d'être étendues.

C'est la peur qui a fait commettre à la Convention nationale ses plus grands crimes; c'est la peur qui a fait acclamer, le 4 mai 1848, à l'unanimité, 17 fois la république par l'Assemblée constituante, qui était en grande partie monarchique.

Le fond des choses.

Il faut aller au fond des choses.

Eh bien! par suite de la division des volontés établies dans le pouvoir souverain, chaque pouvoir peut dire à l'autre: Vous avez violé la constitution! Ils peuvent de plus lutter réciproquement et appeler l'un contre l'autre la résistance, qui aboutit souvent à l'*insurrection*, surnommée autrefois *le plus saint des devoirs*.

Ils le peuvent et ils le font.

Les choses ne se passent guère autrement depuis soixante ans.

On peut donc dire que la division des volontés établies dans le pouvoir souverain est la *révolution* organisée d'une manière *permanente* dans le pays.

O France! cette épreuve si longue, si douloureuse, si cruelle de tes empiriques ne te suffit-elle pas?

Soixante ans de révolutions!

Malheureux théoriciens, maudits équilibristes, Sisyphes d'un effort constamment vaincu, que voulez-vous donc de plus?

MÊME SUJET.

En 1830, la Chambre des députés a dit, dans son adresse au roi :

« Sire, la Charte que nous devons à la sagesse de votre auguste prédécesseur, et dont Votre Majesté a la ferme volonté de consolider le bienfait, consacre, comme un droit, l'intervention du pays dans la délibération des intérêts publics. Cette intervention devait être, elle est en effet indirecte, sagement mesurée, circonscrite dans des limites exactement tracées, et que nous ne souffrirons jamais que l'on ose tenter de franchir ; mais elle est positive dans son résultat ; car elle fait du concours permanent des vues politiques de votre gouvernement avec les vœux de votre peuple, la condition indispensable de la marche régulière des affaires publiques. Sire, notre loyauté, notre dévouement nous condamnent à vous dire que ce concours n'existe pas. »

Puis, le roi, de son côté, a fait répondre, par les ministres, que cette adresse était « attentatoire aux prérogatives du trône », et il a signé les ordonnances de Juillet après avoir dissous la Chambre.

On sait ce qui s'en est suivi.

En fait, l'adresse elle-même violait la Charte, puisque le ministère du 8 août n'avait encore rien soumis aux délibérations de la Chambre qu'elle eût eu à refuser.

Le bilan des révolutions depuis 1789.

M. Thiers, après avoir écrit une très-grande et très-remarquable histoire de la révolution, a fini par dire :

« Avec 30,000 hommes sous Paris, on laissa prendre la Bastille.

« Avec des gardes du corps dans le sein des états généraux, on les laissa se constituer en assemblée nationale [1]. »

Au 20 juin, après le scandale de cette journée, diverses propositions furent faites à Louis XVI tendant à le sauver. « Mais Louis XVI, a dit M. Mignet, refusa toutes ces offres [2]. »

Au 10 août, il n'y eut que des projets de défense, pleins d'irrésolutions, et qui furent sans effet pour ce motif. En résultat, et il n'y a que cela qui compte, Louis XVI ne se défendit pas. La reine, au moment suprême, ayant présenté au roi un pistolet, en lui disant : « Allons, monsieur, voilà le moment de vous montrer, » le roi, dit M. Mignet, « garda le silence [3]. »—« Vous voulez donc, Madame, ajouta Rœderer, vous rendre responsable de la mort du roi, de la vôtre, de celle de vos enfants et de tous ceux qui sont ici pour vous défendre?»—« Ces paroles, dit encore M. Mignet, qui rapporte cette scène,

[1] *La Monarchie de 1830*, p 16.
[2] *Histoire de la révolution française*, chap. v.
[3] *Idem*.

décidèrent le roi ; il se leva pour se rendre à l'Assemblée ; la reine le suivit, et, en partant, il dit aux ministres et aux défenseurs du château : « Messieurs, il n'y a plus rien à faire « ici[1]. » Il se rendit ensuite à l'Assemblée législative, qui l'envoya au Temple où il fut retenu prisonnier. Il n'en sortit que pour monter sur l'échafaud.

« Après le départ du roi, tout motif de défense. ajoute M. Mignet, avait cessé [2]. »

Mais les Suisses, abandonnés à eux-mêmes, furent immédiatement massacrés.

En 1830, « le gouvernement, a dit M. Thiers, n'agit pas avec l'énergie qui aurait pu le rendre victorieux [3]. » Charles X, devons-nous ajouter, n'était pas à Paris et n'y vint pas. Puis, tout à coup, le 29 juillet, quand la lutte est commencée, on voit apparaître sur la scène deux pairs de France, MM. d'Argout et de Sémonville, qui vont aux Tuileries, où ils ébranlent, dans la plus louable intention, celle d'éviter l'effusion du sang, toutes les intentions de défense. Les ministres, au lieu de rester aux Tuileries, où est leur poste, partent pour Saint-Cloud, en même temps que les deux négociateurs, dans le but de préparer le roi à des concessions. Le maréchal, de son côté, donna « de nouveaux ordres pour que la troupe se bornât à tenir dans les divers postes qui lui étaient assignés, » dit l'*Annuaire histo-*

---

[1] *Histoire de la révolution française,* chap. v.

[2] *Idem.*

[3] *La Monarchie de 1830,* p. 16.

rique universel de Lesur pour 1830 [1]. Mais, rapporte le même ouvrage, « les ministres une fois sortis des Tuileries, la cause du peuple était gagnée [2]. »

Enfin, un ordre du maréchal Marmont, qui avait pour objet de faire garder « le passage de la rue Saint-Honoré et des Tuileries » à la rue Castiglione, menacé par les rassemblements de la place Vendôme, compromit, par son exécution, la défense du Louvre. « Les Parisiens, reprend l'*Annuaire historique universel,* voyant que l'on ne tirait plus de la colonnade ni des fenêtres du Louvre, forcèrent les grilles. [3] » .... Cette attaque imprévue jette l'épouvante au milieu des Suisses, « et leurs officiers, continue toujours le même *Annuaire*, après avoir inutilement essayé de faire accepter *la suspension d'armes,* se décidèrent à quitter le Louvre et à se retirer aux Tuileries ; mais ce mouvement s'exécuta sans ordre, sous l'impression de la terreur qui venait de frapper l'imagination des soldats. Ils arrivèrent en confusion sur le Carrousel, sans essayer d'arrêter les assaillants, sans voir même qu'ils n'avaient qu'une poignée de monde à leur poursuite .... Le maréchal Marmont, qui ne pouvait s'attendre à cette bagarre, dit encore l'*Annuaire historique,* quitta précipitamment le quartier général (les Tuileries).... Il se retira par la rue de Rivoli et rentra dans le jardin des

[1] Chap. v.
[2] *Idem.*
[3] *Idem.*

Tuileries. » Il put y « faire ses dispositions pour opérer sa retraite sur Saint-Cloud [1].... » Retraite qu'il opéra le jour même.

Ainsi, cette journée mémorable du 29 juillet 1830, qui décidait du sort d'une dynastie, finit, comme on le voit, par une déroute, faute de défense suffisante.

La journée du 28, d'un autre côté, s'était également terminée misérablement. Le maréchal Marmont, dans le but de concentrer la défense au Carrousel et sur la place Louis XV, avait donné l'ordre à la garde royale, chargée de la défense de l'Hôtel de ville, et qui s'y était conduite héroïquement, avec les autres troupes qui s'y trouvaient réunies, d'évacuer cette place pour se joindre à lui aux Tuileries.

Ce qui s'opéra le 28 à minuit.

Mais, le lendemain, cette place, étant restée sans défense, fut envahie tout naturellement par l'insurrection.

Une bande, partie de la place de la Bourse, « arriva sans opposition à l'Hôtel de ville, où, dit l'*Annuaire historique* de Lesur, il ne se trouvait personne [2]. »

Des luttes isolées, plus ou moins graves, sur les boulevards, au marché des Innocents, dans les rues Saint-Denis et Saint-Antoine, et à l'Hôtel de ville, sans plan de défense bien arrêté ; l'inaction, la neutralité ou la défection de régiments abandonnés à eux-mêmes au milieu

---

[1] *Annuaire historique* de Lesur, chap. v.
[2] *Idem.*

d'une population immense qui les entourait, ce qui montre bien le danger et l'impuissance de la guerre des rues; le pillage des Tuileries et de l'évêché, et le mouvement qui fut opéré ensuite contre Charles X pour le faire sortir de France, voilà, après l'encouragement qui partait du domicile de M. Jacques Laffitte, où étaient réunis quelques députés, et qui était devenu comme le quartier général de l'insurrection, voilà, disons-nous, les parties principales du tableau de la révolution de juillet au point de vue des conséquences qu'il nous importe d'en faire ressortir.

On voit donc qu'il est pitoyable d'en agir ainsi avec les révolutions.

Mais la garnison de Paris, à ce moment, se composait de 11 à 12,000 hommes qui ont été réduits, par des calculs qui paraissent fondés, à 4200 combattants environ. Cette circonstance inconcevable explique la conduite du maréchal Marmont.

Quant à Louis-Philippe, en 1848, au lieu de se défendre, tout le monde sait qu'il s'est en allé.

Mais ne condamnons pas nos rois, car leur conduite atteste leur bonté.

Victimes de leurs vertus, ils ont cruellement expié leur amour pour les Français.

MÊME SUJET.

Maintenant, il faut que l'on ne tire aucune conclusion de notre opinion politique personnelle, pour ou contre, sur telle ou telle révolution.

Nous ne sommes l'homme d'aucun parti.

Nous ne louons ni nous ne blâmons personne.

Nous avons pleuré sur la mémoire de Louis XVI.

Nous avons gémi sur le sort de Charles X.

Nous avons fidèlement servi Louis-Philippe.

Nous ne condamnons pas même les hommes de révolution, quoi que nous puissions en penser. Nous sommes convaincu que beaucoup d'entre eux ont pu s'écrier parfois : « Et nous aussi, nous étions de bons Français. »

Mais, autre chose est de plaindre les révolutionnaires quand ils sont vaincus, et autre chose est d'être inflexible quand ils combattent.

Nous le répétons, nous ne condamnons point les hommes, mais nous condamnons les choses. Nous traitons les révolutions comme la médecine traite les maladies.

Le médecin qui traite un malade s'occupe peu de savoir si son malade est un héros ou un lâche, un saint ou un criminel : il le traite en vue de le guérir, voilà tout.

Ici en fait de révolutions, nous ne voulons pas faire autre chose.

Nous voulons en guérir notre pays sans nous préoccuper d'aucun gouvernement.

MÊME SUJET.

Mais, voyez-vous, en 1792, que les Suisses,

qui étaient aux Tuileries, sont massacrés après le départ du roi, des troupes et de l'ébranlement de la garde nationale.

Voyez-vous, en 1830, que les grilles du Louvre sont forcées quand on croit que la défense a cessé.

Voyez-vous que l'évêché est pillé, parce qu'il n'y a personne pour s'opposer au pillage.

Voyez-vous que l'Hôtel de ville est pris, parce qu'il n'y a personne pour le défendre.

Voyez-vous que les Tuileries sont prises et pillées, parce qu'elles sont abandonnées.

Voyez-vous que Charles X est poursuivi, parce qu'il ne se défend plus.

Voyez-vous, en 1848, que les barricades s'amoncèlent, parce que Louis-Philippe est parti.

Certains hommes sont impitoyables contre ceux qui ne savent pas, ne peuvent pas ou ne veulent pas se défendre [1].

MÊME SUJET.

On a vu comment Rœderer détermine Louis XVI, au 10 août, à ne point se défendre. C'est en allant à son cœur et en lui parlant du salut de sa famille. « Ces paroles, dit M. Mignet, décidèrent le roi [2]. »

[1] La barbarie, en cinquante années, a « envahi trois fois au moins la demeure des rois, » a dit M. Dupanloup, évêque d'Orléans, dans son discours de réception à l'Académie française.

[2] *Histoire de la révolution française*, chap. v.

La scène fait pleurer.

Eh bien! c'est en allant aussi au cœur de Charles X, à Saint-Cloud, le 29 juillet, que M. de Sémonville parvint à faire décider le rappel des ordonnances et le renvoi du ministère, dernière mesure par laquelle la dynastie acheva de s'écrouler.

« Je crois, a-dit M. de Sémonville, j'ai toujours cru que les résolutions du roi, que je voulais combattre en entrant dans son cabinet, étaient personnelles, anciennes, profondes, méditées, le résultat d'un système tout à la fois politique et religieux. Si j'avais eu un doute à cet égard, il aurait été entièrement dissipé par ce douloureux entretien. Toutes les fois que j'ai approché du système du roi, j'ai été repoussé par son inébranlable fermeté ; il détournait les yeux des désastres de Paris, qu'il croyait exagérés dans ma bouche ; il les détournait de l'orage qui menaçait sa tête et sa dynastie. Je ne suis parvenu à vaincre sa résolution qu'après avoir passé par son cœur. Lorsque après avoir tout épuisé, j'ai osé le rendre responsable envers lui-même du sort qu'il pouvait réserver à madame la Dauphine, peut-être éloignée à dessein dans ce moment [1] ; lorsque je le forçai d'entendre qu'une heure, une minute d'hésitation pouvait tout compromettre, si les désastres de Paris parvenaient sur son passage, dans une commune ou dans une cité, et que les autorités ne pussent pas la protéger. Je le forçai d'entendre que lui-

[1] La princesse était aux eaux de Vichy.

même la condamnait au seul malheur qu'elle n'eût pas encore connu, celui des outrages d'une population irritée dans une vie coulée au milieu des larmes. Des pleurs ont alors mouillé les yeux du roi : au même instant sa sévérité a disparu ; sa tête s'est baissée sur sa poitrine ; il m'a dit d'une voix basse. mais très-émue : « Je vais dire à mon fils d'écrire et d'assembler le conseil[1]. »

Hélas ! voilà des sentiments magnifiques, sublimes, bien respectables et bien dignes d'admiration.

Mais ces sentiments-là perdent les dynasties et font le malheur des empires.

Les conseils de M. Rœderer n'ont pas sauvé la vie à Louis XVI, à la reine, ces grandes victimes dont la tête a bientôt roulé sur l'échafaud.

Les conseils de M. de Sémonville n'ont pas sauvé non plus le trône de Charles X, qui a été immédiatement renversé.

Les concessions du roi ayant été méprisées.

Nous ne disons pas qu'il ne faille jamais céder.

Mais nous disons que, quand on cède, il faut avoir, au moins, des garanties sur ce qui arrivera.

Notre objet, nous le répétons, n'est ni de rien justifier, ni de rien condamner.

Mais, ou Charles X ne devait pas faire les ordonnances de juillet, ou, les ayant faites, il devait les défendre.

[1] *Annuaire hist. univ.* de Lesur pour 1830, p. 160, Paris, Thoisnier Desplaces.

Ou bien, en les abandonnant, il devait stipuler le maintien de sa couronne.

Mais, recouvrons d'étoffes de pourpre et d'ornements de deuil ces belles et nobles figures de rois auxquels nous devons tant de bienfaits.

Digression.

Si l'on a exposé les faits historiques conformément à la vérité, et si le lecteur a un jugement sain, il lirait deux cents volumes d'histoire qu'il n'y verrait pas autre chose que ce que nous lui disons.

Certainement, on peut lire des volumes, de gros volumes, beaucoup de volumes, avant d'apercevoir les simples résultats que nous indiquons. Mais, nous aussi nous avons lu ces volumes. Nous les avons lus, relus et médités. Plus que cela, nous avons vu en partie passer sous nos yeux les choses que nous racontons, et ces choses n'en sont pas moins véritables parce que nous les rapportons en raccourci.

Ouvrez donc vos gros livres avec nos indications en main, vérifiez nos assertions, et tout aussitôt vous serez frappé de nos remarques. Vous en saurez plus peut-être que ceux qui ont écrit ces gros livres. Car tous ceux qui rapportent un fait en connaissent rarement la raison.

Les massacres de septembre 1792.

Etudiez la *journée des massacres* du 2 septembre 1792.

Deux cents hommes, l'autorité étant passive, ont fait la loi à la capitale épouvantée, et l'ont réduite au silence.

Ce n'est pas nous qui le disons.

Ecoutez parler à la tribune de la Convention nationale le girondin Louvet :

« Dans leur intérieur, dit-il, combien les bourreaux étaient-ils ? Deux cents, pas deux cents peut-être ; et au dehors que pouvait-on compter de spectateurs attirés par une curiosité vraiment incompréhensible ? Le double tout au plus. Mais, a-t-on dit, si le peuple n'a pas participé à ces meurtres, pourquoi ne les a-t-il pas empêchés ? Pourquoi ? Parce que l'autorité tutélaire de Pétion était enchaînée ; parce que Roland parlait en vain ; parce que le ministre de la justice, Danton, ne parlait pas ; ... parce que les présidents des quarante-huit sections attendaient des réquisitions que le commandant général ne fit point. »

Six mille suspects, choisis parmi les dissidents du clergé et de la noblesse, qui venaient d'être incarcérés dans les prisons de Paris, sont égorgés par ces brigands pendant trois jours.

« Les soldats, gardiens des prisons, dit M. Mignet, craignaient de résister aux meurtriers, et les laissaient faire ; la multitude paraissait complice ou indifférente; le reste des citoyens n'osait pas même montrer sa consternation ; et l'on pourrait s'étonner qu'un crime si grand et si long ait été conçu, exécuté, souffert, si l'on ne savait pas tout ce que la politique ou le fanatisme des partis fait commettre, et tout ce que *la peur fait supporter* [1]. »

Ici l'*audace* d'une part et la *non-résistance* de l'autre, avec la *peur*, sont les secrets de cette abominable journée.

Il ne faut pas confondre Danton et sa politique avec la férocité « tranquille, » sans « emportement, » sans « remords, » et il faut ajouter sans *crainte*, de ces monstres qui peut-être étaient tous des lâches.

Mais ici on voit bien que quand certaines choses se font, c'est qu'on les laisse faire.

MÊME SUJET.

« Nous ne craignons pas d'affaiblir la morale dans les idées des peuples, a dit M. H. de Lourdoueix [2], en disant que, dans les crimes politiques surtout, la plus grande part n'appartient pas à la perversité humaine; que les erreurs de jugement, l'infirmité d'intelligence et de cœur qui font adopter aux hommes des principes faux et erronés, les portent, par une force logique supérieure, à suivre les conséquences de ces princi-

---

[1] *Histoire de la révolution française*, ch. v.
[2] *Gazette de France* du 22 janvier 1855.

pes, ce qui est toujours plus facile que d'en sortir. Quelques caractères énergiques, qui se font la personnification d'un mauvais principe, dominent les assemblées et par elles des nations entières qu'ils conduisent d'abîme en abîme. Les historiens ont constaté que le peuple français était à la fois indigné et consterné du meurtre de son roi (Louis XVI); ils disent même que la majorité de la Convention était *saine*, opinion que nous adopterions nous-mêmes, si la peur, qui tue la conscience, n'était pas le dernier degré de la corruption. »

La révolution et la guerre.

Mais, dit-on, la révolution et son énergie ont préservé la France de l'invasion étrangère.

Nullement.

C'est la révolution au contraire, qui a provoqué l'invasion.

Les révolutionnaires sont habiles à se parer des plumes du paon.

On sait très-bien que c'est sous la république que la coalition fut à la veille de pénétrer dans la place même de la révolution [1].

C'est à nos héroïques généraux qu'appartient notre gloire militaire.

Quant à la campagne féerique de l'Adige et à l'expédition fabuleuse d'Égypte, elles appartiennent en propre à Bonaparte, qui sut se rendre complétement indépendant du Directoire. C'est

[1] M. Mignet, *Histoire de la révolution*, chap. XIII.

au Directoire, au contraire, qu'appartiennent nos revers militaires. On se rappelle que ce fut sous lui que Jourdan et Moreau firent retraite au nord, et que Schérer et Macdonald furent battus en Italie. La France, en ce moment-là, ne respira que par les victoires de Masséna en Suisse et de Brune en Hollande.

Le vrai bilan du Directoire, c'est Bonaparte qui l'a dressé :

« Qu'avez-vous fait, lui a-t-il dit, à la veille des journées de Saint-Cloud, qu'avez vous fait de cette France que je vous ai laissée si brillante? Je vous ai laissé la paix, j'ai retrouvé la guerre ; je vous ai laissé des victoires, j'ai retrouvé des revers ; je vous ai laissé les millions de l'Italie, et j'ai retrouvé partout des lois spoliatrices et la misère. Qu'avez-vous fait de cent mille Français que je connaissais, tous mes compagnons de gloire ? Ils sont morts.... Cet état de choses ne peut durer. »

La France, alors, était menacée dans ses propres limites.

MÊME SUJET.

Comme Annibal en Italie, Napoléon ne recevait aucun secours de son gouvernement. C'est lui qui lui en envoyait au contraire. Mais, voyez quelle ressemblance de destinées entre ces deux grands génies ! Annibal et Napoléon, indépendants, maîtres d'eux-mêmes, possédant l'unité du pouvoir, triomphent également dans cette contrée célèbre ! Mais, obligés de défendre leurs foyers , ils succombent de même par les divisions de leur pays. On sait la chute de Napoléon. Quant à Annibal, rappelé par les magistrats de Carthage pour combattre Scipion, il succomba devant les murs de cette ville par la faute de celui des pouvoirs qui ne voulait pas la **guerre** et qui lui refusa, dit l'histoire, « les secours nécessaires. » Mais avec lui périt sa patrie ; **car** Carthage, abaissée par ce grand événement, ne se releva plus.

———

MÊME SUJET.

Nous ne prétendons pas que, sous la Convention nationale, la France fut sans succès militaires.

Mais c'est parce que le Comité de salut public, en saisissant la dictature, replaça, un moment, la France sous l'unité politique, dans laquelle **on** se réfugia en présence des périls extérieurs que l'Assemblée législative avait créés.

De semblables effets se voient dans d'autres pays.

A Rome, les dangers publics réunissaient tous les intérêts.

Ainsi, c'est l'unité accidentelle qui se produisit à cette époque, et non la *terreur*, comme on l'a dit, qui préserva la France de l'invasion étrangère. La terreur n'eût agi que si l'ennemi eût été sous Paris.

L'unité fut toute-puissante alors contre l'étranger, comme elle le fut au 13 vendémiaire contre l'insurrection.

De la division du pouvoir souverain dans le royaume d'Egypte au temps des Romains.

« C'était, dit Montesquieu, en quelque façon, une loi fondamentale de la couronne d'Égypte, que les sœurs succédaient avec les frères ; et, afin de maintenir l'unité dans le gouvernement, on mariait le frère avec la sœur. Or, il est difficile de rien imaginer de plus pernicieux dans la politique qu'un pareil ordre de succession ; car tous les petits démêlés domestiques devenaient des désordres dans l'État : celui des deux qui avait le moindre chagrin soulevait d'abord contre l'autre le peuple d'Alexandrie ; populace immense, toujours prête à se joindre au premier de ses rois qui voulait l'agiter. »

Ainsi, on trouve tout dans cette demi-page. La pluralité des volontés entre frères amène le même résultat que la pluralité des volontés entre pouvoirs souverains dans les gouvernements constitutionnels. L'antagonisme qui en résultait soulevait dans le temps la multitude, toujours disposée à la révolte, comme il la soulève encore aujourd'hui.

Dans ce court tableau, la cause du mal est si flagrante, qu'il semble que l'on n'ait qu'à mettre la main dessus pour la saisir, et le moindre effort à faire pour en opérer la guérison.

Croirait on, cependant, que le même homme qui a écrit ces lignes dans la *Grandeur et la Décadence des Romains* [1], a écrit le chapitre

[1] Chap. v.

de la *Constitution d'Angleterre* dans l'*Esprit des lois* [1] ?

MÊME SUJET.

Mais si l'on veut bien y faire attention, rien ne ressemble davantage à ce temps que le temps où régnèrent à la fois parmi nous : 1° la Convention nationale, pouvoir souverain ; 2° les Comités de salut public et de sûreté générale, pouvoirs indépendants (puisque nommés à terme fixe, ils n'étaient pas révocables à volonté) ; 3° le Commandant général de la garde nationale, pouvoir aussi indépendant, élu par le peuple ; 4° la Commune de Paris, nommée de la même manière, et qui s'était arrogé une autorité souveraine.

Aussi, de même que l'on a vu s'agiter à Alexandrie ces volontés multiples, de même l'on a vu à Paris tous ces *frères ennemis,* toute cette vermine de volontés souveraines s'agiter, se battre et se renverser au moyen des masses populaires, jusqu'à ce que la Convention nationale eût ressaisi la *souveraineté* unique.

Puis, avec tant d'éléments de discordes, l'on s'étonne naïvement de tant de fureur !

L'on se demande gravement ce que c'est que la révolution ?

[1] Chap. iv, liv. XI.

De la division du pouvoir souverain à Rome.

Jean-Jacques Rousseau, auquel n'a point échappé le vice politique qui crée, pour ainsi dire, « deux États en un, » fait observer que les querelles des patriciens et des plébéiens, à Rome, « troublèrent souvent les comices, même dans les plus beaux temps de la république, » tandis que, « dans les temps les plus orageux, les plébiscites du peuple, quand le sénat ne s'en mêlait pas, passaient toujours tranquillement à la grande pluralité des suffrages[1]. »

Enfin Bossuet, ce grand historien, a fait aussi la même remarque. C'est la « division » dans « les ordres » et « les jalousies » entre « le sénat et le peuple, » dit-il, qui ont « causé ce grand changement qui arriva du temps de César[2]. »

De la division du pouvoir souverain en Angleterre.

Nous faisons en Angleterre la même remarque qu'en France. Nous y voyons la division du pouvoir souverain y produire cent trente-cinq ans de révolutions, depuis 1625[3] jusqu'en 1760.

------

[1] *Contrat social*, liv. IV, chap. II.

[2] *Discours sur l'histoire universelle,* IIIᵉ partie, chap. VI.

[3] *Abrégé chronologique* du président Hénault.

M. Guizot n'y a vu que soixante-dix ans de « laborieuses et douloureuses épreuves [1], » ce qui est déjà beaucoup trop.

Mais, nullement optimistes, nous ne ferons pas remonter, comme M. Guizot, la tranquillité de la Grande-Bretagne à 1760. Nous voyons là-bas, au delà de l'Océan, une autre révolution que l'on appelle la révolution d'Amérique, et que nous appellerons, nous, une révolution d'Angleterre. Ce sont les Communes d'Amérique, division surabondante dans le pouvoir souverain britannique, qui contestent à la mère patrie, au Parlement d'Angleterre, le droit de les taxer, et qui entraînent avec elles toutes les colonies dans leur révolte. Otez les Communes d'Amérique, en envoyant des représentants au Parlement d'Angleterre, et il n'y a point de conflit. Faites disparaître le conflit, et la révolution des Etats-Unis n'existe plus.

Nous le répétons, ce conflit de pouvoir amena le déchirement le plus douloureux dans le sein de la société anglaise. Lord Chatam, le premier Pitt, ne s'y méprit point : à la veille d'entrer dans la tombe, il eut le courage de venir en plein Parlement protester, dit-il, « contre le démembrement de la noble et antique monarchie [2]. »

Nous irons plus loin. Nous rappellerons que George III eut un instant l'intention de fuir d'Angleterre à l'époque de la coalition de lord North et de Fox, parce que le Parlement

[1] *Discours sur la révolution d'Angleterre.*
[2] *Les deux Pitt,* par M. de Viel-Castel.

lui rendait tout gouvernement impossible. Or, qu'est-ce que George III, sinon le grand-père de la reine Victoria? Voilà, en raccourci, sans parler de Charles Ier ni de Jacques II, tout le bilan de la tranquillité du gouvernement si vanté de la Grande-Bretagne.

<hr>

MÊME SUJET.

Et la révolution d'Irlande! Est-ce que cette révolution ne doit pas compter? Est-ce que l'Irlande n'a pas eu également son Parlement séparé?

Et quoique cette révolution, comme l'a dit M. Philarète Chasles, soit aujourd'hui oubliée, en a-t-elle moins existé[1]? Et Henri Grattam ne s'est-il pas écrié : « Génie de Swift, vous l'emportez; l'Irlande est une nation! Salut à elle! *Esto perpetua!* »

Est-ce que les échafauds ne s'y sont pas promenés depuis 1760?

Le Parlement d'Irlande, lors de la première aliénation mentale de George III, a offert au prince de Galles, pour la régence de la monarchie, des pouvoirs sans limites, tandis que le Parlement d'Angleterre, au contraire, ne voulait accorder à ce prince que des pouvoirs très-limités.

[1] *Le dix-huitième siècle en Angleterre,* t. Ier, p. 595. Paris, Amyot.

Ce conflit, dont il était impossible de calculer la portée, sans le retour inespéré de George III à la santé, causa une profonde stupeur en Angleterre. Il éclaira d'une lumière lugubre et terrible tout ce que comporte avec elle de dangers la division du pouvoir souverain, cette double âme donnée à un même corps.

C'était peut-être la séparation des deux royaumes.

Séparation à l'occasion de laquelle Montesquieu a dit :

« Si un grand prince, qui a régné de nos jours [1], avait suivi les maximes des Romains, lorsqu'il vit un de ses voisins détrôné [2], il aurait employé de plus grandes forces pour le soutenir et le borner dans l'île qui lui resta fidèle : en divisant la seule puissance qui pût s'opposer à ses desseins, il aurait tiré d'immenses avantages du malheur même de son allié. [3] »

Ainsi, la division du pouvoir souverain, en Angleterre, n'y a pas seulement semé les révolutions ; elle a failli également, ce qui est pire, entraîner la dissolution de ce formidable empire.

MÊME SUJET.

Pour bien montrer ce que fut pour l'Angleterre la révolution des États-Unis, ce déchirement de la famille anglaise, que l'on affecte de

------

[1] Louis XIV. — [2] Jacques II.
[3] *Grandeur et décadence des Romains,* chap. VI.

ne pas reconnaître, et que **J. de Maistre** n'a pas signalé, il faut lire les paroles que prononça lo premier Pitt, lord Chatam, sur ce mémorable événement.

Nous les reproduisons.

« **Après** une longue absence, dit-il, une absence que je regrette, mais que mes infirmités m'ont imposée malgré moi, j'ai fait un effort pour venir, la dernière fois peut-être qu'il me sera possible d'entrer dans cette enceinte, y manifester toute mon indignation de l'idée que j'apprends y avoir été exprimée (la paix). Je me félicite de ce que la tombe ne s'est pas encore fermée sur moi, de ce que j'ai encore assez de vie pour protester contre le démembrement de cette noble et antique monarchie. Abattu comme je le suis par la douleur, je suis peu capable d'assister mon pays dans ce moment d'extrême danger; mais, Milords, tant que je conserverai le sentiment et la mémoire, jamais je ne consentirai à priver le royal rejeton de la maison de Brunswick, l'héritier de la princesse Sophie, de la plus belle partie de son héritage. Où est l'homme qui osera conseiller une telle mesure? Milords, Sa Majesté a reçu de ses prédécesseurs un empire aussi vaste que glorieux. Ternironsnous la gloire de notre nation par un abandon ignominieux de ses droits et de ses plus belles possessions? Ce grand royaume qui a survécu tout entier aux déprédations des Danois, aux incursions des Écossais, à la conquête des Normands, qui a soutenu, sans en être ébranlé, les menaces de l'*Armada* espagnole, tombera-t-il devant la maison de Bourbon? Nous ne sommes donc plus ce que nous étions? Un peuple qui, il y a dix-sept ans, était la terreur du monde, s'abaissera-t-il jusqu'à dire à son ancien, à son implacable ennemi (la France) : Prenez-nous ce que nous avons de plus précieux, donnez-nous seulement la paix[1]. »

On sait que Louis XVI, au sujet des États Unis, fit ce que Louis XIV, au sujet de l'Irlande, n'avait pas fait.

MÊME SUJET.

Quant à Louis XVI, ce prince que l'on a méconnu, il vengea la France, dans la révolution d'Amérique, des humiliations dont l'Angleterre, sous le règne précédent, l'avait accablée par les défaites qu'elle lui avait fait subir en la battant sans cesse sous le rapport maritime, et en la dépouillant partout de ses possessions coloniales.

Les infortunes de la France, à cet égard, sont connues.

Voici le tableau rapide qu'a présenté M. le baron de Viel-Castel de cette époque de nos malheurs qui précéda l'avénement de Louis XVI au trône.

« En moins de quatre années, dit-il, le Sénégal fut conquis, le Canada, bien que vigoureusement défendu, passa sous la domination britan-

------

[1] *Revue des Deux-Mondes* de 1844, p. 804 et 805.

nique ; les établissements français dans l'Inde, la Guadeloupe, la Dominique, la Désirade, Marie-Galande, éprouvèrent le même sort ; sur les côtes de France, Belle-Isle succomba ; les flottes britanniques, victorieuses dans presque toutes les rencontres, purent impunément venir attaquer et brûler les vaisseaux français jusque dans les ports et les bassins de Saint-Malo, du Havre, de Cherbourg ; la prise ou la destruction de quarante - quatre vaisseaux de ligne, de soixante et une frégates, de trente-six corvettes, réduisit la marine de la France à un tel état de faiblesse, qu'elle cessa d'opposer, sur aucun point, la moindre résistance, et que son commerce, qu'elle n'était plus en état de protéger, se trouva anéanti[1]. »

Pitt avait même rêvé, à cette époque de sa quasi-dictature, non pas seulement d'anéantir la puissance maritime et coloniale de la France, « ce but, dit M. de Viel-Castel, était déjà atteint,» mais encore de « lui ôter jusqu'à la possibilité de se relever jamais[2].»

Dès lors, on doit comprendre combien l'Angleterre dut être sensible au coup que lui porta Louis XVI en Amérique et qui lui fit pousser les douloureux gémissements que l'on vient d'entendre.

C'est pourtant ce roi, auquel nous devions ce tribut d'éloges, que l'on a tué !

[1] *Revue des Deux-Mondes* de 1844, p. 761.
[2] *Idem*, p. 765.

De la division du pouvoir souverain en France et en Angleterre.

En Angleterre, il y a, en apparence, trois divisions dans le pouvoir souverain. La royauté, la Chambre des lords et la Chambre des communes. En France, quand on veut pratiquer le gouvernement parlementaire, il y en a également trois : le monarque, la Chambre haute, la seconde Chambre.

Mais, en Angleterre, il n'y a pas, comme chez nous, le *concordat*.

C'est la royauté qui est chef de l'Église d'État, et qui réunit les deux têtes de l'aigle.

La souveraineté du peuple n'y est pas reconnue non plus, ni en principe ni en pratique.

Quand Guillaume III fut proclamé roi d'Angleterre à la place de Jacques II, le peuple ne fut pas consulté.

Le gouvernement parlementaire monarchique avec la souveraineté du peuple est un contresens.

MÊME SUJET.

On avait même, sous le règne de Louis-Philippe, sans parler des prétentions impériales, un autre élément de faiblesse. Cet autre élément était le droit du prince qui représentait le principe de la légitimité. Ce principe de légitimité, après 1688, a agité l'Angleterre pendant plus d'un demi-siècle. La dernière tentative de restauration qu'essayèrent les Stuarts eut lieu en 1745. cinquante-sept ans après l'établissement de 1688. Alors Charles Edouard, petit-fils de Jacques II, pénétra jusqu'au centre de l'Angleterre [1]. Et même, longtemps après la bataille de Culloden, de sourdes menées inquiétèrent le parti dominant. Ce ne fut que sous George III que toutes ces craintes de restauration disparurent.

Des situations politiques.

Quand une situation politique est donnée, un rien peut déterminer l'explosion des plus graves événements. « Il y a des *diathèses* politiques [2]. »

Un discours de Shaftesbury, en Angleterre, a renversé Richard Cromwell du Protectorat qu'il avait hérité de son père.

« A peine ce terrible discours, a dit M. Philarète Chasles, fut-il accueilli par les Communes, que Richard Cromwell, sentant le coup qui lui était porté, se retira avec ses affidés dans l'hôtel de Wallingford…. Il répond par la dissolution. Il n'y a plus de Parlement, mais il n'y a plus de protecteur [3]. »

Une voix de minorité allait renverser Waren Hastings, gouverneur général de l'Inde anglaise, sans son habileté à se défendre. Cir-

[1] A cette époque, une invasion de cinq à six mille Français eût suffi pour opérer une contre-révolution en Angleterre (Voy. *Les deux Pitt*, t. II, p. 317).

[2] Expressions de notre docteur, M. Marchal (de Calvi), célèbre médecin de Paris.

[3] *Le dix huitième siècle en Angleterre*. Paris, Amyot.

constance, a dit Macaulay, qui eût détruit la domination britannique dans cette partie du monde.

« Les Indiens, ajoute-t-il, ne tardèrent pas à s'apercevoir de la vérité. Ils regardaient Hastings comme un souverain détrôné et agirent en conséquence [1]. »

Mais cet incident prouve bien que l'homme est partout et toujours le même. Le peuple sait toujours, comme en Egypte, où la presse n'existait pas, quand les pouvoirs sont en désaccord.

Ce fut un expédient terrible qui sauva Waren Hastings des dénonciateurs et des faux témoins qui pullulent dans tous les pays.

Une adresse, celle du Corps législatif de 1813, et le vœu qui y était exprimé, fut le signal contre Napoléon des défections intérieures.

« Ce vœu, très-juste dans un autre temps, a dit M. Mignet, n'était propre alors qu'à faciliter l'invasion étrangère [2]. »

Or, l'invasion étrangère, sans les Bourbons, qui se trouvèrent là, pouvait être le démembrement de la France.

Tout cela, parce que les situations étaient faites.

Si les situations n'eussent pas été faites, tout cela n'eût rien été.

MÊME SUJET.

Ce sont les situations révolutionnaires de 1792

[1] *Revue britannique* de janvier 1842.
[2] *Histoire de la révolution française*, chap. xv.

et les situations révolutionnaires qui ont eu lieu depuis qui ont transformé en scélérats des hommes qui, sans cela, eussent pu vivre et mourir paisiblement.

Croit-on donc que Paris fût resté ce qu'il est depuis 1848, si les circonstances politiques n'avaient pas changé ?

Oui, les révolutions et leurs suites transforment en criminels les meilleures gens du monde.

Voilà pourquoi nous n'aimons pas les révolutions.

Aussi certaines nécessités de la politique, comme certaines nécessités de la médecine, seraient-elles atroces, si elles n'avaient pas pour but le bien même de l'humanité.

La liberté ne dépend pas de la division du pouvoir souverain.

On peut être libre sous une monarchie et ne pas être libre sous une république.

On a été plus libre en Prusse avec une monarchie sans pouvoir divisé et sans constitution, qu'on ne l'a été en France avec la république directoriale, un pouvoir souverain divisé et une constitution.

Constitution qui était alors la constitution de l'an III, que M. Mignet a présentée comme étant à peu près le chef-d'œuvre des constitutions [1].

Quand, sous Guillaume III, il s'agit en Angle-

---

[1] *Histoire de la révolution française*, chap. XI.

terre de la fameuse proscription des catholiques ce prince ne voulait pas l'autoriser, mais il y fut contraint par le Parlement.

« Guillaume, a dit M. Philarète Chasles, était plus tolérant, plus philosophe, plus libéral que ses sujets : seul il défendait la liberté, et prenait parti pour la raison. »

On voulait qu'il sanctionnât un bill d'après lequel les catholiques étaient chassés du royaume, privés de tout emploi, et leur tête mise à prix. « Je suis venu en Angleterre, répondit-il noblement, pour protéger les protestants, non pour persécuter les catholiques. » On lui força la main. Les deux chambres votèrent, à la presque unanimité, ce bill exécrable. Un pauvre moine franciscain, le père Paul Atkinson, fut arrêté, emprisonné, et après trente années de détention, mourut dans son cachot[1]. La majorité des protestants anglais applaudissait à ces barbaries, que le roi Guillaume abhorrait, contre lesquelles sont dirigés les pamphlets de Daniel. Guillaume les désapprouvait hautement. Aussi était-il haï de tous les partis, ainsi que de Foë, son défenseur, qui était en outre méprisé[2]. »

Ainsi, pouvoir unique, Guillaume III eût garanti la liberté ; pouvoir constitutionnel, il ne put la défendre.

Tous les gouvernements peuvent donner la liberté ou la détruire.

[1] *Annual register*, 1724.

[2] *Le dix-huitième siècle en Angleterre*, t. II, p. 178. Paris, Amyot.

Montesquieu et la constitution d'Angleterre.

Le grand argument de Montesquieu, qui a préconisé la constitution d'Angleterre [1], a été celui-ci : C'est qu'une même volonté, un même corps, dit-il, « peut ravager l'État par des lois générales. » Il n'a pas vu, lui qui veut trois volontés, que les hommes que l'on a placés dans trois compartiments différents ne font, eux-mêmes, qu'un corps unique, *le corps gouvernemental*. Lequel peut, lui aussi, quand les pouvoirs sont d'accord, comme on vient de le voir, ravager l'État par des lois générales.

Les hommes sont toûjours les mêmes, quoi que l'on fasse.

Montesquieu a donc fait beaucoup de mal à la France par le séduisant tableau qu'il lui a présenté de la constitution d'Angleterre. Il n'a pas vu que le jeu de la machine exige une science particulière de cette mécanique, que personne n'avait dans ce pays-ci à un degré suffisant.

Il ne faut pas s'imaginer, parce que l'on voit un homme monter et dompter un cheval fougueux, qu'il soit donné à tout le monde d'en faire autant.

Aussi, ceux qui croient pouvoir se mesurer avec le gouvernement parlementaire sans connaître *les secrets* qui le font mouvoir, ressemblent, à notre avis, que l'on nous pardonne la comparaison, à ces gens qui veulent danser sur

---

[1] *Esprit des lois*, liv. XI, chap. vi.

la corde sans connaître le métier des *acrobates*.

Ils s'y cassent le cou.

Il y a des gens en politique qui n'ont foi qu'en ce qu'ils voient. Semblables, en cela, à ces hommes ingénus qui, considérant le ciel et sa voûte azurée sans en apercevoir les lois mystérieuses, pensent que c'est le soleil et les étoiles qui tournent et non la terre et les mers où ils sont qui tournent avec eux.

Ça été un des torts de la république de 1848 de n'avoir pas compris qu'elle n'était acclamée, généralement, qu'à cause de la peur que l'on avait des révolutionnaires de l'Hôtel de ville et du drapeau rouge qu'ils y avaient agité.

Et parce que le parti conservateur avait dit, d'ailleurs, qu'il fallait se servir de ce qui était là dans la crainte de pire.

MÊME SUJET.

« Voici donc, dit Montesquieu, la constitution fondamentale du gouvernement dont nous parlons. Le Corps législatif y étant composé de deux parties, l'une enchaînera l'autre par sa faculté mutuelle d'empêcher. Toutes les deux seront liées par la puissance exécutive, qui le sera elle-même par la législative.

« Ces trois puissances, continue-t-il, devraient former un repos ou une inaction. Mais comme par le mouvement nécessaire des choses, elles sont contraintes d'aller, elles seront forcées d'aller de concert. »

Montesquieu ne voit pas qu'il suffit du mot *non*, pour faire écrouler tout ce château de cartes.

On peut comprendre cet écrivain, quand il veut que le monarque puisse empêcher les entreprises du pouvoir législatif. On peut le comprendre encore quand il dit que « la puissance législative ne doit pas avoir le droit d'arrêter la puissance exécutive, » parce que, dit-il, « il n'y aurait plus de liberté. »

Mais on ne le comprend plus quand, ceci dit, il donne au Corps législatif le droit de refuser au prince les subsides, les forces de terre et de mer, ainsi que le droit, non moins exorbitant, de « casser » l'armée.

Voilà un singulier monarque, qu'un monarque sans argent et sans soldats !

Et voilà un singulier pays, qu'un pays où de pareilles choses peuvent arriver ainsi.

Cependant, voilà le gouvernement de la constitution d'Angleterre, préconisé par Montesquieu.

Montesquieu, dans son emportement enthousiaste, va jusqu'à envier, pour son pays, la situation géographique de la Hollande, qui pourrait, dit-il, submerger « les troupes » et les faire « mourir de faim. »

On pratique une politique en Angleterre, mais on n'y pratique pas toujours ce qui est sur le papier.

La raison y vient en contrepoids à l'absurde.

MÊME SUJET.

Les Anglais gouvernent au milieu des écueils comme ils naviguent au milieu des flots.

Seulement, ils se garent des situations politiques qui renversent les gouvernements, comme ils se garent des rochers qui brisent les plus forts navires quand ils se sont laissés devancer par la tempête.

Car, lorsque le mal est arrivé, il n'est plus temps de l'empêcher.

Le plus grand des génies, quand le vent souffle violemment sur le rocher, ne peut empêcher le plus solide des vaisseaux d'être brisé.

Les vaisseaux, en ce moment, volent en éclats comme les gouvernements quand la foudre les a frappés.

MÊME SUJET.

On le voit, il faut bien qu'il y ait un milieu à prendre à travers ces abîmes.

Ce milieu, c'est *la science.*

Mais cette science, il faut l'acquérir.

Autrement, comment enseigner, quand on est illettré?

Comment savoir la médecine, quand on ne l'a pas apprise?

Comment connaître les lois, quand on ne les a pas étudiées?

Comment exercer l'art militaire, quand on ne sait pas se battre ?

En Angleterre, le plus souvent, un homme est destiné au Parlement avant que d'être né, et il est élevé en conséquence.

En France, c'est tout le contraire. Tout le monde veut y être un homme politique sans rien savoir ou à peu près.

Aussi, est-ce de ce dernier pays, et non de l'Espagne, que Beaumarchais voulait parler, quand il mit ces paroles dans la bouche de *Figaro*, qui voulait une place :

« Il fallait un calculateur, dit-il, ce fut un danseur qui l'obtint. »

MÊME SUJET.

Cependant, il ne faut pas médire de la France.

Il ne faut pas accuser ce grand pays, qui est encore le premier pays de la terre.

Si Corneille, l'immortel Corneille, a fait raccommoder ses bas dans la rue ; en Italie, Machiavel, si habile dans l'art de la politique, a manqué de pain.

En Angleterre même, Daniel de Foë, avant d'approcher Guillaume III, avait été mis au carcan.

MÊME SUJET.

Il faut ajouter à la science politique un

mérite encore plus rare : celui de l'*appréciation*. Mais ce mérite-là, c'est une muse qui le donne : celle de l'expérience des hommes et des choses.

Répétons-le, LA PRATIQUE, voilà la meilleure politique. Voilà la politique qu'il faut préférer à la politique mise sur le papier. *Le secret des négociateurs* fait le reste.

Mais ce secret-là encore ne se donne pas. Tous les diplomates ne l'ont pas en partage ; tous les hommes d'État officiels, ni tous les hommes d'État écrivains ne le possèdent pas non plus.

Mme de Staël et les trois pouvoirs.

M. Thiers en peignant, dans son *Histoire de la révolution française*[1], la situation des affaires politiques sous le gouvernement de la constitution de l'an III, à la veille de la journée du 18 fructidor, où il n'y avait pas seulement conflit entre le Directoire et les Conseils, mais encore conflit entre les membres du Directoire, a placé dans sa narration quelques lignes que nous trouvons curieuses. Elles sont relatives à Mme de Staël, qui fit alors des efforts singuliers pour conjurer le coup d'État qui, d'une part ou d'une autre, devait être le résultat forcé de la lutte qui existait entre les pouvoirs politiques.

Ces lignes ne peuvent manquer de faire ressentir au lecteur qui se placera à notre point de

------

[1] Tom. IX, 4e édit., chap. IV, p. 279, 280 et 283.

vue certaines impressions que nous avons éprou-
vées nous-mêmes en les lisant.

Les voici :

« Dans cette situation, dit M. Thiers, les
esprits sages désiraient sincèrement qu'on évitât
une lutte. Ils auraient souhaité un rapprochement, qui, en ramenant les constitutionnels et
les clichyens modérés au Directoire, lui pût
rendre une majorité qu'il avait perdue et le
dispenser de recourir à de violents moyens de
salut. Mme de Staël était en position de désirer
et d'essayer un pareil rapprochement. Elle était
le centre de cette société éclairée et brillante
qui, tout en trouvant le gouvernement et ses
chefs un peu vulgaires, aimait la République et
y tenait. Mme de Staël aimait cette forme de
gouvernement, comme la plus belle lice pour
l'esprit humain. Elle avait déjà placé dans un
poste élevé l'un de ses amis ; elle espérait les
placer tous et devenir leur Égérie. Elle voyait
les périls auxquels était exposé cet ordre de
choses, qui lui était devenu cher ; elle recevait les hommes de tous les partis ; elle les en-
tendait et pouvait prévoir un choc prochain.
Elle était généreuse, active ; elle ne pouvait
rester étrangère aux événements, et il était naturel qu'elle cherchât à user de son influence
pour réunir des hommes qu'aucun dissentiment
profond n'éloignait. Elle réunissait dans son
salon les républicains, les constitutionnels, les
clichyens ; elle tâchait d'adoucir la violence des
discussions, en s'interposant entre les amours-

propres, avec le tact d'une femme bonne et supérieure. Mais elle n'était pas plus heureuse qu'on ne l'est ordinairement à opérer des réconciliations de partis, et les hommes les plus opposés commençaient à s'éloigner de sa maison. Elle chercha à voir les membres des deux commissions nommées pour répondre au dernier message du Directoire.... »

Tous ces soins furent « inutiles, » ajoute notre historien.

Ici, M. Thiers fait une remarque qui a un grand prix : c'est que « il n'y a pas d'exemple qu'un parti ait jamais suivi des conseils. »

Déjà, à la page qui précède sa citation, il avait fait une première remarque non moins importante sur les partis qui, dit-il, ne s'avouent « pas leurs torts, » mais qui, « comme d'usage, » les imputent « à leurs adversaires. »

Donc, si l'on n'écoute pas les conseils, il y a conflit immédiat dans le gouvernement, s'il y a dans ce gouvernement de plusieurs volontés, deux ou trois pouvoirs qui ne soient pas d'accord. Donc, si nous ne reconnaissons pas nos torts et que nous imputions le mal, même quand il vient de nous, à ceux qui diffèrent avec nous d'opinion, il est impossible qu'une pareille situation ne soit pas pleine d'orages et de tempêtes.

Et comment un établissement quelconque ne serait-il pas toujours en péril, quand, parmi ceux qui le soutiennent, une partie ne veut pas écouter l'autre, et que ceux qui font mal sans le savoir accusent de mal faire ceux qui font bien?

Ce qui fait que les gouvernements parlementaires sont contre nature.

Il faut lire attentivement, dans M. Thiers, l'histoire de la période directoriale, pour s'étonner de voir qu'un esprit aussi éminent que celui de cet homme d'État n'ait pas entrevu le danger de cette monstrueuse machine parlementaire à trois volontés politiques.

Il en parle même avec amour, quand il raconte l'enthousiasme d'une femme célèbre, Mme de Staël, pour cette machine gouvernementale.

De cette femme, si éminente aussi, qui a laissé après elle M. de Broglie, amant décidé également des formes parlementaires.

De deux choses l'une, cependant.

Ou il faut se briser la tête de désespoir, ou il faut s'élever du fond de son obscurité à la hauteur de la mission que l'on se donne.

Nous oserons donc faire entendre le cri de notre conscience, et nous le ferons avec respect, sans doute, mais aussi sans craindre aucune renommée, quelque grande qu'elle puisse être.

Et, en effet, qu'est-ce à dire ?

Ou il y a aberration, sur ce point du moins, chez tous ces gens-là, placés si haut dans l'estime publique ; ou bien l'histoire n'est pas vraie, ou bien notre raison n'existe plus ! Ou bien, si elle existe, elle nous fait complétement défaut en cet endroit.

Comment !

Vous placez cinq cents hommes dans une chambre et deux cents dans une autre ; puis, vous en mettez cinq dans un palais.

Et quand tous ces hommes sont ainsi répartis dans trois compartiments différents, chacun avec sa volonté souveraine, vous vous écriez que la liberté est fondée !

Comme si ces hommes, par suite de cette opération, changeaient de nature et cessaient d'être des hommes. C'est-à-dire des créatures susceptibles d'erreurs, de vices, d'aveuglement et de passions.

Non, cet ordre de choses ne ressemble en rien aux diverses juridictions établies pour l'administration de la justice. Car, au-dessus de chaque tribunal, il y a une cour suprême qui juge en dernier ressort. Il y a une *volonté souveraine*.

Évidemment, par le fait, aucun des pouvoirs politiques que vous avez ainsi établis, pris isolément, n'est absolu. Chacun d'eux a même la liberté en ce qui le concerne. Ceci est incontestable, et c'est là ce qui fait le *sophisme*. Mais, au-dessous, comme l'a dit Jean-Jacques Rousseau, on n'a pas la liberté pour cela. Le Directoire précisément l'a bien prouvé.

Répétons-le : quand les pouvoirs sont d'accord, il n'y a qu'une volonté *unique*. Vous trouvez toujours au-dessus de vous *l'absolu* qui peut *tout* contre vous. Cet absolu, comme cela s'est vu en Angleterre sous Guillaume III dans l'affaire des catholiques, peut vous proscrire, mettre votre tête à prix, vous emprisonner, vous dépouiller de vos biens. Quand les pouvoirs ne sont pas d'accord, toute souveraineté peut manquer ; l'anarchie presque toujours se déclare, l'édifice est lézardé, et la *révolution* passe à travers, ou bien les pouvoirs se battent ensemble, comme sous le gouvernement de l'an III. Voilà ce que c'est que la *révolution* que personne, dit-on, ne peut expliquer ni définir. Voilà le *virus*.

Nous comprenons donc le gouvernement représentatif limité, mais nous ne comprenons pas le gouvernement parlementaire sans limites.

MÊME SUJET.

Mon Dieu ! l'on ne voit donc pas que ces théories sur le papier, sont très-séduisantes, mais que, dans la pratique, elles produisent une réalité affreuse.

Certes, ce que dit Montesquieu sur ces rouages est admirable, mais, en fait, tout cela se passe bien différemment, en France, qu'on ne le dit. Qu'un pouvoir *empêche* un autre pouvoir de *mal faire,* rien de mieux si, après, l'harmonie se rétablit et si tout rentre dans l'ordre accoutumé.

Mais, malheureusement, ce n'est pas ainsi qu'il en arrive. Indépendamment de ce que nous venons de voir se passer dans le Directoire, au sein même du gouvernement, c'est que les multitudes, ordinairement, de leur côté, interviennent dans vos querelles, et renversent tout, au lieu de concourir à l'équilibre chimérique tant désiré.

De la sorte, le remède est pire que le mal.

Faites donc, au contraire, que les multitudes n'interviennent pas dans le débat, avant même que le remède ait pu agir sur le malade, et nous serons de votre avis.

Oui, faites que cette fatalité qui renverse les bons gouvernements en même temps qu'elle renverse les mauvais n'existe plus, et nous vous croirons.

Alors, croyez-le bien, nous aimerons vos formes de gouvernement tout autant que vous les aimez vous-mêmes.

MÊME SUJET.

Nous savons tout ce que l'on peut répondre pour ou contre nos assertions. Mais, de part et d'autre, l'on arrive à des abîmes si l'on veut atteindre l'une ou l'autre extrémité.

Or, abîme pour abîme, notre préférence est connue. Nous ne sommes pas de ceux qui pensent, comme Montesquieu, qu'un parlement puisse dissoudre l'armée que commande le prince, ni que l'on puisse, au besoin, noyer les soldats ou les faire mourir de faim.

Nous ne pensons pas, non plus, qu'un prince puisse tout faire. On peut, nous le croyons, voter contre telle ou telle de ses lois, contre tel ou tel impôt nouveau à lever. Mais nous ne pensons pas que l'on puisse jamais lui refuser le budget ordinaire, depuis longtemps établi et consacré, comme le veulent les conséquences du gouvernement parlementaire.

Enfin, pour ne pas rester dans l'équivoque et formuler nettement notre opinion, nous dirons, sans rien blâmer ni sans rien approuver, que ce sont les 221, en 1830, qui ont frappé le premier coup contre la Charte, et que Charles X n'a frappé que le second.

La Chambre pouvait refuser les lois qu'eût apportées le cabinet du 8 août; elle n'avait pas le droit de dire au roi qu'elle refusait son concours à un ministère qui ne lui avait encore rien présenté.

Le langage qu'elle a tenu n'eut été juste que si le cabinet eût passé outre à l'exécution d'une loi qu'elle aurait rejetée.

Le monarque a pu croire, comme il l'a cru, que cette adresse attentait aux prérogatives de la couronne.

Quant aux 221, il faut leur pardonner; car ils n'ont pas su ce qu'ils allaient faire.

Tout le monde, comme en 1848, a été dépassé par le peuple, sans avoir voulu de révolution.

Commentaire.

Nous respectons tous les gouvernements sages, sans acception d'aucun en particulier. Mais nous n'aimons pas les gouvernements dont la sou-

8

veraineté est trop divisée, à cause des conflits politiques.

Cependant, on peut, à la rigueur, accepter les gouvernements constitutionnels sérieusement.

Mais c'est à cette condition, que l'on ne fera pas comme Louis XVI, en 1789, ni comme Louis-Philippe en 1848; mais que l'on pratiquera, au contraire, cette maxime de M. Thiers, proclamée en 1835 : *Quand la force est devenue nécessaire pour assurer le respect des lois, il faut l'employer dans toute son énergie*[1].

En effet, autrement, tout gouvernement libre est impossible.

Maxime, toutefois, que M. Thiers n'a pas pratiquée en 1848.

Cependant, M. Thiers a encore établi, en 1841, cet autre principe :

C'est que si un gouvernement n'est pas démoralisé, il peut toujours venir à bout d'un peuple, même le plus héroïque[2].

MÊME SUJET.

C'est, a dit M. Thiers, parce que Charles X

[1] Principe proclamé à l'occasion de l'approbation de la conduite tenue par M. Cadiot, sous-préfet de Toul, dans la répression de la rébellion de la commune de Dongermain (Meurthe), qui avait expulsé son curé à l'exemple de Nanci qui avait expulsé son évêque, lequel n'avait point été réintégré. Et, cela, justement après l'installation de l'évêque coadjuteur qui était venu à la place de l'évêque titulaire.

[2] *Moniteur universel* de 1841, p. 207.

était démoralisé en 1830, qu'ayant dans les mains la butte Montmartre et l'artillerie de Vincennes, il ne songea point à en user ; c'est par la même raison, ajoute-t-il, que Louis XVI, en 1789, avec des gardes du corps dans le sein des états généraux, les laissa se constituer en assemblée nationale.

Cela, dit-il, parce que Louis XVI et Charles X ne croyaient pas à l'excellence de leur cause.

C'est une erreur : tout le monde croit toujours avoir raison.

Ce sont les conflits de pouvoirs qui ont troublé Louis XVI et Charles X, comme ils ont troublé Louis-Philippe et M. Thiers lui-même.

Les *conflits de pouvoirs* et l'*audace des assaillants*, voilà ce dont il faut se préserver en n'attendant pas que le mal soit irréparable.

Des mystères de l'attaque.

Il est certain que l'attaque, par le choc électrique qu'elle produit, agit immensément sur ce qui est attaqué.

« La même frayeur qu'Annibal porta dans Rome après la bataille de Cannes, dit Montesquieu, César l'y répandit lorsqu'il passa le Rubicon. Pompée, éperdu, ne vit, dans les premiers moments de la guerre, de parti à prendre que celui qui reste dans les affaires désespérées : il ne sut que céder et que fuir · il sortit de Rome, y laissa le trésor public ; il ne put nulle part retarder le vainqueur ; il abandonna une partie de ses troupes, toute l'Italie, et passa la mer [1]. »

En Angleterre, Olivier Cromwell chasse le Long Parlement, le Parlement qui a tué Charles Ier, sans que « personne ne résiste, » sans que « personne élève la voix [2]. » Les vaincus, « intimidés ou impuissants, » se soumettent « sans bruit [3]. »

« Je n'ai pas même entendu un chien aboyer, » écrivit Cromwell deux heures après l'opération [4].

En 1688, lors du débarquement du prince d'Orange en Angleterre, les troupes de Jacques II l'abandonnent à Salisbury [5] ! Il fuit, lui-même, et pas « une goutte de sang » ne coule pour sa défense [6].

Voyez encore le débarquement de Napoléon de l'île d'Elbe et le départ de Paris de Louis XVIII.

Enfin, le même effet s'est produit, sous nos yeux, en 1848, quand « une troupe venue on ne sait d'où et on ne sait comment [7], » pénétra dans la Chambre des députés et la dispersa magiquement aussitôt qu'elle apparut, sans qu'aucune résistance ne se manifestât.

[1] *Grandeur et décadence des Romains*, chap. XI.
[2] M. Guizot, *Discours sur l'histoire d'Angleterre*, p.77.
[3] *Idem.*
[4] *Cromwell*, par Philarète Chasles. Paris, Amyot.
[5] *Abrégé chronologique de l'histoire de France*, par le président Hénault, à la date de 1688.
[6] *Discours sur l'histoire d'Angleterre*, par M. Guizot. p. 153 et 155.
[7] Expression du *Journal des Débats*, du 14 août 1851.

Maintenant, il ne faut tirer, de ce que nous venons de dire, aucune autre conséquence que celle que nous avons voulu en faire ressortir. Car Pompée, Pompée lui-même, le vainqueur de Sertorius et de Mithridate, était celui des Romains, dit l'histoire, qui avait achevé « le pompeux ouvrage de la grandeur de Rome, » en ajoutant « au corps de son empire des pays infinis. »

Les maximes d'État et les traditions.

Le manque d'appréciation politique est tout ce qu'il y a de plus funeste. Tout devient impuissance quand, par défaut de cette faculté, on a laissé certaine situation s'établir, c'est-à-dire quand on n'a point vu naître et grandir cette situation qui, « aussi profonde que l'Etna, brûle et gronde longtemps avant d'éclater au dehors [1], » mais à laquelle rien ne résiste quand elle se manifeste.

C'est cette rare politique qui a fait la grandeur et la gloire de Rome, et que le Saint-Esprit, dit Bossuet, n'a pas dédaigné de marquer dans le livre des Machabées ; c'est l'oubli, au contraire, des profondes maximes et des sages traditions du sénat romain qui l'ont livrée à tous les hasards et à toutes les incertitudes qui ont fait sa ruine.

Nous voulons dire qui l'ont livrée à la folie et quelquefois à la démence.

C'est à ce point que les gouvernements à plu-

---

[1] Beaumarchais, *la Mère coupable*, acte IV, sc. IV.

8.

sieurs pouvoirs, que nous n'aimons guère, mais qui possèdent l'esprit politique, sont cent fois préférables aux gouvernements les mieux constitués, mais auxquels cet esprit politique si rare ferait défaut.

Mais, de même qu'il n'y a point de temps pour les troubles et les révoltes, de même il n'y a point d'époques déterminées pour que la sagesse préside ou non aux destinées des nations.

Ce n'est point un phénomène que Rome ait été sage et qu'elle ait cessé de l'être.

Ce n'est point un phénomène non plus que l'Angleterre pratique avec plus de succès que la France ce que l'on appelle le gouvernement constitutionnel ou parlementaire.

Il y a des raisons pour tout cela.

Rome a cessé d'être sage quand elle a abandonné les maximes qui avaient fait sa grandeur. L'Angleterre, elle, d'un autre côté, se maintient précisément parce qu'elle conserve, quelque part, cette science profonde que l'on appelle la politique, laquelle fait vivre les mauvaises institutions, pendant que l'ignorance, au contraire, tue les meilleurs gouvernements.

MÊME SUJET.

Que l'on ne croie pas que les multitudes possèdent cette science. Le sénat romain, si célèbre, ne possédait pas en masse la sagesse politique. Le parlement anglais, si vanté, n'est pas initié, non plus, aux mystères avec lesquels il est dirigé.

Les peuples et les assemblées sont les mêmes dans tous les temps et dans tous les pays.

Ce ne sont, plus ou moins, que des multitudes elles-mêmes.

Ce n'est que l'art de les former et de les gouverner qui est différent.

Comme le dépôt de la sagesse romaine, le dépôt de la sagesse britannique reste renfermé dans le sein de quelques illustres familles, spécialement vouées au culte politique, et qui le conservent comme les vestales conservaient le feu sacré.

La politique est un art comme tout autre art.

Mais il est au-dessus de tous.

Il exige « de hauts talents [1]. »

Quand vous ne le possédez pas, ou quand il arrive à vous manquer, tout périclite.

Si vous semiez de l'ivraie, il ne naîtrait point du froment à la place. Il en est ainsi en politique : vous ne recueillez que ce que vous avez semé.

Si vous ne semez rien, vous ne recueillez rien.

C'est une vérité acquise que « les fautes sont suivies de leurs inévitables châtiments, » et « les desseins longuement préparés et sagement

---

[1] Expressions de Beaumarchais, *la Mère coupable,* acte IV, sc. IV.

accomplis couronnés de succès infaillibles [1].

MÊME SUJET.

L'histoire, que nous avons fait parler, montre donc qu'il y a dans la politique comme dans la navigation des rochers à tourner, des courants à éviter, des brisants dont il faut se garer.

C'est là, nous le répétons, le secret de l'Angleterre, qui possède des *pilotes* aussi savants dans l'art du gouvernement que dans l'art de la navigation.

Là, le gouvernement parlementaire dure, non par les motifs que l'on pense, mais par ceux auxquels l'on ne pense pas. Ici, c'est de même en sens inverse : le gouvernement constitutionnel y tombe, non par les raisons que l'on croit, mais par celles auxquelles l'on ne croit pas.

C'est que l'Angleterre, ainsi que nous l'avons dit, possède une science qui nous manque et que nous ne pouvons pas apercevoir. C'est que nous nous croyons très-habiles, et que nous ne le sommes pas.

Du grand débat de la chute des gouvernements.

« Qu'est-ce donc que cette puissance, disait M. Thiers à M. Berryer en pleine tribune natio-

---

[1] Expressions de M. Mignet. — *Moniteur universel* du 5 déc. 1840.

nale, en parlant de la légitimité, qu'est-ce donc que cette puissance qui trois fois n'a pu sauver son trône, et l'a laissé tomber devant le premier souffle populaire? Si c'est là la sécurité que vous nous offrez au nom de la légitimité, retirez-vous; car il faudrait oublier l'histoire contemporaine pour croire que cette sécurité en soit une. »

« Votre principe (celui de la souveraineté populaire), répliquait M. Berryer, dominant le gouvernement du Directoire, combien de temps a-t-il maintenu cette autre forme de gouvernement? Votre principe animant, ou du moins colorant le grand établissement militaire de Napoléon, a-t-il soutenu ce que sa victorieuse épée n'a pu soutenir? »

Depuis cette discussion, la monarchie de 1830 est tombée à son tour.

Mais, ainsi que les autres gouvernements issus de la légitimité et de la souveraineté du peuple, elle est tombée comme pouvoir divisé.

C'est là ce que M. Thiers et M. Berryer n'ont pas vu dans les chutes qu'ils se sont reprochées au sujet des gouvernements antérieurs. Aussi les coups qu'ils se portaient frappaient-ils à faux. —Mais cette lutte du 31 décembre 1834, entre deux des géants de la tribune française, forme une des pages les plus mémorables dont notre histoire parlementaire puisse garder le souvenir[1].

Disons donc qu'à la force des principes il faut ajouter la puissance de la sagesse, celle de l'habileté et surtout l'énergie de la défense.

[1] *Moniteur universel* du 1er janv. 1835.

MÊME SUJET.

A cette occasion, faisons remarquer qu'il n'est pas juste de dire, comme cela se fait quelquefois, que tel ou tel gouvernement, en France, y est tombé au milieu des acclamations publiques.

Cela n'est pas toujours exact.

Mais, quand les gouvernements tombent, on va à la curée, et les viles multitudes acclament par contagion.

C'est ce qui fait illusion.

Et c'est justement la raison qui fait que l'on applaudit à tous les gouvernements qui viennent, qui fait que l'on applaudit à tous les gouvernements qui partent.

C'est l'éternelle histoire du cœur humain.

On encense la fortune, on accuse le malheur.

Voilà encore des *secrets* qu'il importe de révéler.

* * *

MÊME SUJET.

Il n'y a que les gouvernements qui disparaissent qui ont tort dans le moment.

La preuve, c'est que l'on dit bientôt qu'on les regrette, quand ceux qui les remplacent ne font pas ce que vous auriez voulu.

Les gouvernements devraient donc faire deux choses :

La première, de prendre garde à ne point tomber;

La seconde, d'empêcher, autant que possible, que l'on puisse regretter les gouvernements qui ne sont plus.

Question.

Comment se fait-il que M. Thiers ait présenté la division du pouvoir souverain en trois branches comme une complication savante, due aux progrès des temps modernes?

Nous allons, quant à nous, lui chercher un exemple de la division du pouvoir souverain en trois branches, qui n'est pas d'hier.

Il remonte à Romulus, fondateur de Rome.

Il a, par conséquent, vingt-six siècles de date.

Ce n'est pas nous qui l'inventons pour le besoin de notre cause.

C'est Bossuet qui le rapporte dans son *Histoire universelle*. « Le sénat, dit il, devait siéger et préparer toutes les affaires; il en réglait quelques-unes souverainement avec le roi, mais les plus générales étaient rapportées au peuple qui en décidait. »

Or, voilà bien, nous le croyons, le pouvoir souverain divisé en trois branches.

Eh bien! vous savez ce qui est advenu à Romulus, qui avait mis ce système en pratique?

Il fut tué au milieu du sénat!

Ce n'est pas nous qui le disons, c'est Bossuet

qui parle. « Romulus, dit-il, dans une assemblée où il survint tout à coup un grand orage, fut mis en pièces par les sénateurs, qui le trouvaient trop impérieux, et l'esprit d'indépendance commença dès lors à paraître dans cet ordre.

« Pour apaiser le peuple, qui aimait son prince, et donner une grande idée du fondateur de la ville, les sénateurs publièrent que les dieux l'avaient enlevé au ciel, et lui firent dresser des autels. »

Ce qui, en passant, prouve deux choses :

1⁰ Que la théorie de la division du pouvoir souverain n'est pas une théorie moderne, mais bien un très-vieux système ;

2⁰ Qu'il en était autrefois comme il en est encore aujourd'hui : que l'on ne disait pas toujours la vérité.

Le Long Parlement et l'échafaud de Charles Ier.

Nous emprunterons les lignes qui suivent à l'*Histoire de la révolution d'Angleterre*, par M. Guizot[1].

Nous ferons même précéder le fait principal, que nous avons l'intention de rapporter, de quelques mots de M. Guizot sur la monarchie constitutionnelle, qu'il ne cesse point de vanter, malgré la longue suite de catastrophes qu'elle a subies.

« A aucun des pouvoirs, dit-il, qu'elle met

[1] 4ᵉ édition, introduct., p. 12 et suiv., Paris, Didier.

« en présence, elle n'accorde les plaisirs d'une
« domination sans partage et sans péril. Elle
« leur impose à tous, même à celui qui prévaut,
« le travail continu des alliances obligées, des
« ménagements mutuels, des transactions
« fréquentes, des influences indirectes, et d'une
« lutte sans cesse renouvelée avec des chances
« sans cesse renaissantes de succès et de
« revers. »

A quelles réflexions ne conduiraient pas ces paroles, si nous n'étions pas obligé de nous borner sur un sujet qui dépasse déjà les limites dans lesquelles nous voulions primitivement nous renfermer !

Aussi nous ne ferons, en ce moment, que cette courte remarque : à quoi bon une pareille machine politique ?

A présent, arrivons au fait, qui domine les plus brillants tableaux de l'imagination, et que ne peut faire disparaître ni le plus beau langage, ni la plus vive éloquence.

Dans cette pensée, nous ne ferons que nous servir des expressions propres de M. Guizot, en lui prenant toutes nos citations. Et notre scalpel, quoique séparant le fait de toutes les considérations dont le talent l'a fait précéder et l'a fait suivre, conservera intacte, cependant, toute la partie de la narration que nous devrons à l'illustre historien.

« Ni la royauté, ni le Parlement d'Angle-
« terre, continue M. Guizot, ne comprenaient,
« au XVII⁰ siècle, les conditions de leur gouver-

« nement commun, et ils ne s'y résignaient
« point. La royauté prétendait rester, la
« Chambre des communes voulait devenir
« directement et infailliblement souveraine. Il
« fallait cette satisfaction à leur orgueil et cette
« garantie à leurs terreurs.

« Pour atteindre à ce but, pour retenir et
« assurer l'empire souverain qu'elle avait saisi,
« ce n'était plus de la réforme des abus et du
« rétablissement des droits légaux que la
« Chambre des communes pouvait se contenter.
« Elle avait besoin d'altérer profondément les
« anciennes lois, d'attirer dans ses propres
« mains tous les pouvoirs.

« Quand les choses en furent à ce point, un
« grand déchirement s'opéra parmi les réfor-
« mateurs. Les uns, plus prévoyants ou plus
« timides, embrassèrent la défense de l'ordre
« légal et de la monarchie menacée; les autres,
« plus hardis ou moins scrupuleux, entrèrent
« dans les voies d'une révolution.

. . . .

« Un jour, à propos d'une nouvelle remon-
« trance à présenter au roi contre les anciens
« griefs, comme s'ils n'étaient pas déjà redres-
« sés, la question de majorité fut nettement
« posée entre les deux partis. Le débat devint
« si violent que, dans la salle même des Com-
« munes, on fut sur le point d'en venir aux
« mains. Onze voix donnèrent la victoire au
« parti de la révolution. Cinquante jours après
« ce vote, le roi sortait en fugitif de son palais

« de Witehall, où il ne devait plus rentrer que
« pour monter sur l'échafaud. La Chambre des
« communes ordonna aussitôt que le royaume
« menacé serait mis sans retard en état de dé-
« fense. La lutte parlementaire cessa : la guerre
« civile commençait. »

Voilà, nous le croyons, un conflit de pouvoirs
dans toutes les règles, et nous n'avons rien à
ajouter de plus à ce que M. Guizot vient de ra-
conter.

Dans notre livre, nous recueillons les faits,
cela nous suffit. Les hommes d'État et les légis-
lateurs ne doivent point nous en demander davantage.

Cromwell et le gouvernement parlementaire.

M. Guizot a également écrit, sur Cromwell,
ce qui suit :

« Il avait appris, dit-il, en renversant la monarchie constitutionnelle, que c'était le seul gouvernement qui convînt et qui pût durer en
Angleterre. Maître des ruines de l'édifice, une
pensée constante s'empara de lui : le relever
pour s'y établir.

« Ce fut son désir et son travail continu de
parvenir à avoir un parlement avec lequel il pût
vivre et gouverner. Il en réunit quatre en cinq
ans ; tantôt choisissant lui-même, de concert
avec ses officiers, l'assemblée qu'il décorait hy-
pocritement de ce nom ; tantôt la faisant élire

selon le nouveau mode que le Long Parlement républicain était sur le point d'adopter quand il l'avait chassé ; traitant toujours ces assemblées, à leur début, avec beaucoup de solennité et de déférence : usant, pour s'y créer une majorité, des artifices les plus éhontés, des violences les plus inouïes, et feignant, au moment même où il rompait avec elles, de ne point donner à croire qu'il renonçait à leur concours.

« L'entreprise, de sa part, était chimérique.... Lui-même il leur fournissait à chaque instant des griefs et des armes, car il n'avait pas appris, en devenant le maître absolu, à respecter le droit, ni à endurer la résistance et la contradiction. Averti par son grand instinct que, dans son isolement despotique, il ne fondait rien, pas même son propre pouvoir, il appelait un Parlement pour l'aider dans la création d'un gouvernement durable ; mais quand le Parlement était là, dépourvu des forces naturelles du parti conservateur, et dominé par des hommes qui ne savaient que détruire, bientôt Cromwell ne pouvait supporter ni leur liberté ni leur sot aveuglement, et il brisait cet instrument qu'il sentait nécessaire, mais qu'il s'irritait de trouver toujours fatal[1]. »

C'est pourtant ainsi que M. Guizot, au lieu de reconnaître l'antagonisme forcé des pouvoirs souverains entre eux, explique cette incompatibilité, si naturelle entre le pouvoir de Cromwell

---

[1] *Discours sur la révolution d'Angleterre,* p. 88, 89, 90 et 91.

et celui du Parlement, que c'est justement le contraire de ce qui arrivait qui eût été la chose sur-
prenante, puisque ce qui est arrivé à Cromwell
est arrivé depuis, comme avant, à presque tous
les autres pouvoirs populaires ou légitimes.

M. Guizot pourrait être cru dans ses appréciations, si l'instrument parlementaire n'eût pas
été aussi fatal aux bons princes qu'il l'a été aux
mauvais et au grand orateur lui-même.

C'est avec l'antagonisme de la Chambre des
communes que Shaftesbury a renversé Richard
Cromwell, le fils et l'héritier d'Olivier Cromwell,
le protecteur. Le père avait donc raison de s'en
défier.

MÊME SUJET.

« Il est peu de personnes, a dit un écrivain,
qui ne considèrent l'intronisation de la maison
de Hanovre, il y a cent vingt-sept ans, comme
le dernier terme des agitations sérieuses pro-
duites par la révolution ; qui ne pensent que si,
depuis cette époque, les tentatives faites à main
armée par les Stuarts ont pu à deux reprises jeter
dans la Grande-Bretagne un moment de désordre matériel, aucune perturbation vraiment
grave n'y a, pendant ce long intervalle, entravé
la marche régulière et constitutionnelle du gouvernement ; que la royauté y a toujours été res-
pectée, le pouvoir exercé avec dignité, les partis
contenus dans leurs débats les plus violents par
un sentiment profond de la grandeur et des inté-

rêts du pays : en un mot, que sous George Ier, sous George II, et dans les premières années de George III, l'Angleterre s'est montrée ce que nous la voyons aujourd'hui. Telle n'est pourtant pas, à beaucoup près, la vérité.... La dynastie nouvelle vit s'écouler des générations entières avant de parvenir à inspirer ce respect religieux qui fait la force morale du trône, mais que les peuples accordent difficilement aux institutions qu'ils ont élevées de leurs mains, qui sont nées sous leurs yeux. Pendant près d'un siècle, l'Angleterre fut en proie à des dissensions d'autant plus incessantes, qu'elles prenaient leur source.... dans les innombrables et mobiles combinaisons des intérêts de coterie et des ambitions personnelles[1]. »

MÊME SUJET.

On a cru longtemps que les conflits des pouvoirs ne surgissaient qu'avec les pouvoirs légitimes. C'est dans ce sens-là que la fin de Charles Ier et la fin de Louis XVI ont été expliquées. Mais ce livre a suffisamment démontré que tous les pouvoirs politiques multiples, légitimes ou populaires, éprouvent un sort semblable, se battent ensemble par le fait même de la division du pouvoir souverain.

C'est une vérité, nous le croyons, qui sera désormais acquise à l'histoire.

[1] Le baron de Viel-Castel, *Revue des Deux-Mondes*, de 1844, p. 719, 720 et 721.

Du gouvernement des États-Unis.

Cela est vrai : le gouvernement des États-Unis fonctionne depuis son moderne établissement sans catastrophe. Mais il survient cependant aux États-Unis, comme en France, des conflits entre les pouvoirs. Seulement, ces conflits n'y produisent pas, et ne peuvent pas y produire les mêmes résultats qu'en France.

D'abord, il y a une remarque à faire, que l'on ne fait pas assez souvent : c'est que quand des nations comme les Etats-Unis et l'Angleterre ont pour objet de leur activité, l'une l'Amérique, l'autre l'Asie, elles peuvent bien, avec de telles distractions, avoir dans l'esprit d'autres pensées que celles qui consistent à entreprendre, tous les jours, de nouvelles révolutions.

En fait, l'antagonisme se manifeste souvent aux États-Unis avec une extrême violence. Plusieurs fois des présidents ont été en lutte ouverte soit avec l'une des Chambres, soit avec les deux Chambres à la fois. Et cela pendant toute la durée de leur mandat. James Polk a fait la guerre en Amérique malgré le Congrès. Tyler, son prédécesseur, avait, lui, fait échouer tout le système commercial et financier du Parlement, et négocié, contre son gré, l'annexion du Texas. Enfin, le président Jackson a eu également, de son côté, de nombreuses et violentes discussions avec la Législature.

Mais, tel conflit qui, en Amérique, n'entraîne qu'une légère commotion, amènerait en France une révolution inévitable. Aux États-Unis, si un État quelconque se mettait en révolution, il aurait à la fois contre lui tous les autres États confédérés, qui ne veulent pas de révolutions.

Dans ce **pays**, il n'y a ni soldats ni multitudes affamées. A Washington, la ville où siége le gouvernement, l'herbe croît dans les rues.

On a pu s'entendre dans ces contrées lointaines au sujet de la guerre de l'Indépendance, mais comment veut-on que puissent s'entendre ensemble l'habitant du Maine ou de l'Illinois, de l'Ohio ou du Connecticut au sujet d'une révolution politique qui soumettrait tous ces États à la domination d'un autre État?

La chose est impossible.

MÊME SUJET.

On ne comprend pas que les théoriciens de la division du pouvoir souverain, qui ont essayé de tout en France, n'aient pas tenté de pratiquer, en l'amendant et en le corrigeant, le contrôle établi dans la constitution de 1793. Cette constitution, sans doute, était détestable. Cependant, elle contenait en germe un principe qui n'était pas absolument mauvais : c'était de faire participer les départements à la vie politique, en soumettant les lois et les actes du pouvoir à leur examen, pour qu'ils aient à les accepter ou à les rejeter par *oui* ou par *non*. Seulement, on aurait pu mettre le pouvoir entre les mains de ceux qui ont, au lieu de le mettre dans celles de ceux qui n'ont pas. Les conseils généraux, élus par les cantons, auraient été investis de cette autorité. Ces assemblées, qui auraient formé, dans chaque département, un sénat au petit pied, auraient hérité, en cela, des attributions que la constitution de 1793 voulait conférer aux assemblées primaires. Alors, comme aux États-Unis, une révolution aurait été bien difficile à faire. La presse, qui n'est pas une action, et qui, par ce motif, ne fait pas de révolution matérielle, sans coup de main, aurait pu, de cette manière, jouir de la plus grande liberté possible. Le vent qui souffle ne fait pas tomber ce qui est à terre. Et, pour revenir à la comparaison des voitures, nous dirons qu'une voiture à deux ou trois roues se renverse facilement. Qu'une voiture à quatre roues se renverse encore souvent. Mais nous prétendons qu'une voiture basse, plus large que haute, rasant la terre, avec des roues multiples, ne se renverserait jamais. Voyez le *camion!*

Une pyramide se renverse, un corps plat ne se renverse pas.

Un gouvernement, en France, qui aurait eu de semblables assises, au lieu d'être élevé en l'air comme une colonne sans bases pour l'empêcher de tomber, eût été bien puissant.

Le tout, sans rien retrancher au gouvernement central ni à ce qui le constitue.

C'est-à-dire que le département qui se fût soulevé en eût trouvé quatre-vingt cinq contre lui tout seul pour le maintenir dans l'ordre et dans l'unité.

En outre, la liberté, ainsi établie, sans que la division dans le pouvoir souverain en eût été augmentée, eût été incontestable. Le contrôle eût été dans la Capitale, le *frein* dans les Conseils énéraux et la liberté de la presse partout.

Ce système-là, il nous semble, eût bien valu le système imaginé par Joseph de Maistre.

On n'aurait pas de Mirabeau, mais on n'aurait pas de révolution.

MÊME SUJET.

« Il faut une grande habileté, au moins en France, a dit M. Troplong[1], pour faire marcher, sans trop de secousses, le gouvernement parlementaire. La monarchie de juillet en a été une preuve brillante. On se souviendra longtemps de ses orateurs éminents, de ses hommes d'État graves et éclairés, et du jeu si parfaitement dirigé de ses ressorts. C'est ainsi que l'équilibriste qui marche au Cirque-Olympique sur une boule tournante a besoin de beaucoup plus d'adresse que celui qui pose tout simplement les pieds sur la terre ferme ; mais ce dernier est bien plus solide que l'autre, et la chute du premier est épouvantable ».

Des jugements de M. Thiers sur la révolution française.

M. Thiers a écrit une histoire de la révolution

[1] *Du principe d'autorité depuis 1789, p. 19.*

française, très-remarquable au point de vue de l'exposition impartiale des faits généraux qui remplissent notre existence nationale pendant une période de dix années.

Mieux que cela : M. Thiers a parfaitement décrit les conséquences de certains événements, et ce n'est pas là un médiocre mérite. Mais, il faut le dire, soit inexpérience, soit passion de parti, quand cet éminent écrivain a voulu entrer dans l'appréciation philosophique des grandes crises révolutionnaires, son livre a tourné au roman politique.

La leçon qu'il eût dû en faire sortir a complétement fait défaut. En cet endroit, M. Thiers n'est plus historien ; il n'est plus homme d'État.

Ce n'est pas un artiste cependant, car il se fait sophiste dans un but d'écrivain révolutionnaire ; ce n'est pas un sophiste non plus, car il s'identifie avec les peintures que lui inspire son imagination.

C'est un orateur qui s'est fait l'apologiste de la révolution, et qui a trouvé des raisons à tout.

Mais son ouvrage, dans sa partie principale, n'a point appris la vérité au pays ; peut-être, alors, ne la connaissait-il pas.

Il est si difficile à trente ans de bien écrire l'histoire ! Personne, aujourd'hui, peut-il mieux le savoir que M. Thiers lui-même [1] ?

Quoi qu'il en soit, nous allons dire quelques

[1] **Voy.** son discours prononcé à l'Académie française, le 13 déc. 1854. Paris, Didot, p. 22 et 23.

mots sur son tableau ; cet aperçu sera aussi court que possible.

D'abord, M. Thiers confond les révolutions politiques avec les réformes sociales. Cependant, ce sont deux choses bien distinctes. La preuve, c'est qu'en Angleterre il y a eu des révolutions politiques, et qu'il n'y a point eu de réformes sociales. Ce qui fait qu'en France nous aurions, par conséquent, pu avoir des réformes sociales, sans avoir de révolutions politiques.

Au surplus, ce langage de M. Thiers était dans son rôle d'apologiste. Les réformes ont été des bienfaits ; les révolutions ont été des fléaux. En conséquence, M. Thiers a fait passer les révolutions avec les réformes. De la sorte, ce qui, en soi, était un mal, en fait est devenu un bien.

C'est tout profit pour l'apologiste de la révolution.

Puis, M. Thiers prend l'effet pour la cause, et la cause pour l'effet. Il s'empare du mot révolution comme d'un principe ; tandis qu'une révolution n'est qu'une conséquence.

Cette méthode porte la perturbation dans l'esprit.

Écoutons-le parler :

« La révolution, dit-il, avait, au 14 juillet 1789, renversé l'ancienne constitution féodale ; elle avait, aux 5 et 6 octobre, arraché le roi à la cour, pour s'assurer de lui ; elle s'était fait ensuite une constitution, et l'avait confiée au monarque en 1791 comme à l'essai. Regrettant bientôt d'avoir fait cet essai malheureux, désespérant de concilier la cour avec la liberté, elle avait envahi les Tuileries au 10 août, et plongé Louis XVI dans les fers. L'Autriche et la Prusse s'avançant pour la détruire, elle jeta, pour nous servir de son langage terrible, elle jeta, comme gant du combat, la tête d'un roi et de six mille prisonniers.... Elle arracha violemment du temple des lois des républicains sincères, mais qui, ne comprenant pas ses extrémités, voulaient la modérer[1].... Elle arriva au dernier degré de péril et d'emportement, elle éleva des échafauds, et envoya un million d'hommes sur les frontières.... Changée, par le besoin d'une action forte, de démocratie turbulente en dictature absolue[2], elle devint réglée, silencieuse et formidable[3]. »

Le 18 fructidor, le 30 prairial reçoivent de même de M. Thiers leur explication.

Il arrive ainsi à la journée du 18 brumaire, « jugée, dit-il, si diversement par les hommes.... regardée par les uns comme l'attentat qui anéantit l'essai de notre liberté, par les autres comme un acte hardi, mais nécessaire, qui termina l'anarchie. Ce qu'on en peut dire, ajoute-t-il, c'est que la révolution, après avoir pris tous les caractères, monarchique, républicain, démocratique, prenait enfin le caractère militaire, parce qu'au milieu de

[1] Les Girondins.
[2] Le Comité de salut public.
[3] *Hist. de la révol. franç.*, 4e édit., t. VI, ch. VII.

cette lutte perpétuelle avec l'Europe, il fallait qu'elle se constituât d'une manière solide et forte[1]. »

Ces paroles de M. Thiers suffisent pour justifier complétement ce que nous avons dit sur la manière de procéder de cet historien.

On le voit, il a des raisons pour chaque fait, qui, ainsi, se trouve coloré par le prétexte de la nécessité.

Puis, la révolution, pour lui, est toujours cause, principe et action.

Elle est tout.

Cependant, cette doctrine, à son insu, serait désespérante. Ce serait la fatalité antique, devant laquelle il n'y aurait plus qu'à courber la tête.

L'histoire écrite de la sorte ne peut apporter avec elle aucun enseignement.

Pourquoi, dira-t-on, toutes ces transformations de la révolution, monarchique, républicaine, démocratique et militaire ?

Pourquoi la révolution n'a-t-elle pas pris tout de suite le caractère militaire ?

Vous le voyez, vous aboutissez à la fatalité.

Autrement, comment expliquer toutes ces choses contraires que vous faites faire à la révolution par les hommes les plus opposés ?

Les hommes du 14 juillet, elle les renverse au 10 août ; les hommes du 10 août, elle les tue au 31 mai ; les hommes du 31 mai, elle les tue au 9 thermidor ; les hommes du 9 thermidor, elle les chasse au 18 brumaire.

[1] *Histoire de la révolution française*, t. X, p. 503.

Et vous le faites sans dire ce qui produit la révolution.

C'est là prendre une conséquence pour un principe.

Quant à votre principe, dont vous ne parlez pas, ou il vous est inconnu, ou c'est une chose imaginaire, un mythe enfin ; ou vous ne voulez pas le dire, ou bien ce ne peut être, nous le répétons, que le principe de la fatalité.

Ah ! oui, fatalité est bien le nom du système que vous avez émis alors, et que vous n'avez plus aujourd'hui, certainement, que dans votre livre. Car vos triomphateurs du jour doivent être les victimes nécessaires du lendemain. Et vous faites de tout le monde autant d'instruments destinés à briser d'autres instruments, fatalement condamnés à périr eux-mêmes par les mains d'instruments nouveaux.

Notons que tous ces événements énormes, vous employez pour les désigner un mot qui ne représente qu'un effet et non une cause : le mot de révolution, qui veut dire changement.

Notre système, à nous, ou plutôt la cause que nous croyons être celle de tous ces événements tragiques que vous rapportez, c'est la division du pouvoir souverain, qui amène des conflits, lesquels produisent des révolutions.

C'est l'audace d'hommes plus audacieux que d'autres qui triomphe.

Tout cela, jusqu'à ce que Dieu suscite des hommes comme Napoléon, dont la main puissante et ferme vienne en aide aux nations pour les sauver.

De votre doctrine ou de la nôtre que l'on choisisse.

La vôtre tue le pays ; la nôtre le sauve.

MÊME SUJET.

Nous n'avons certainement pas la prétention de rien apprendre à M. Thiers, qui sait aujourd'hui ce que nous venons de dire plus que nous et mieux que nous. Nous voulons seulement combattre ses illusions de jeunesse, ou plutôt son livre d'autrefois, en ce point important, d'où peuvent dépendre le repos, le bonheur et le salut même du pays.

Dans M. Thiers, nous savons distinguer l'homme d'État du publiciste.

Rien n'est plus différent.

MÊME SUJET.

Les historiens de la révolution française ont donné à cette révolution une moralité qu'elle n'a jamais eue qu'un instant. La preuve, c'est que tous les amis sincères de la liberté l'ont tour à tour combattue et ont été ses victimes.

Il ne faudrait cependant confondre ni les hommes ni les époques.

Il en est de cela comme des républicains, qu'il ne faudrait pas confondre avec les révolutionnaires.

Au 2 décembre 1851, les véritables républicains auraient tous pu s'asseoir sur un même canapé. Tout le reste, en dehors des hommes monarchiques, ne faisait qu'en usurper le titre.

***

MÊME SUJET.

Pourquoi, au reste, la révolution a-t-elle fini au 18 brumaire ?

Pourquoi, de même, a-t-elle fini au 2 décembre ?

Ne trouvez-vous pas qu'il serait extraordinaire qu'il en fût ainsi, si les révolutions étaient des nécessités de la nature ou des infirmités de l'humanité, au lieu d'être le produit des causes que nous vous avons signalées ?

Quelles guérisons ont jamais été opérées plus instantanément que celles-là ?

Il n'en serait pas arrivé de la sorte, croyez-le bien, s'il en eût été différemment que nous le disons.

Il n'est donné à aucun homme sur la terre, soyez-en sûrs encore, d'empêcher les feuilles de naître ou les arbres de s'en dépouiller.

***

MÊME SUJET.

Mais, dira-t-on, vous ne voulez donc pas du bien qu'a produit la révolution ? Si nous en voulons, et nous avons été, en fait de réformes, du parti de la révolution ; c'est du mal qu'elle a fait que nous ne voulons pas le retour.

En admettant que l'*instrument* de la division

10.

du pouvoir souverain, qui renverse tout, ait pu, autrefois, faire le bien en faisant le mal, il ne peut plus, désormais, que faire le mal sans faire le bien.

Tel remède qui vous rend la santé quand vous êtes malade, vous rend malade quand vous êtes en santé parfaite. Point de méprises.

___

Digression nouvelle.

Enfin, voyez :

Que faut-il? disait Danton : *De l'audace, encore de l'audace, et toujours de l'audace*[1].

Que disait Saint-Just? *Osez, voilà tout le secret des révolutions*[2]. »

Voilà les vérités proclamées par les deux plus grands révolutionnaires, dont M. Thiers lui-même a tracé les plus véridiques portraits.

Il faut donc les croire, et nous les croyons.

Ils s'y connaissaient; ils étaient compétents ; ils étaient passés maîtres en fait de révolutions.

Eh bien ! le *secret* contraire au *secret* proclamé par eux, croyez-le, nous vous le disons : *c'est d'être plus hardi que les plus osés.*

C'est de se défendre, en général, avec la plus complète énergie, sans se préoccuper du succès, et la victoire vous restera. Le succès, bien différent de la défaite, sera inévitablement pour vous.

Voyez encore, Danton, ce révolutionnaire

[1] Mignet, *Histoire de la révolution française*, chap. v.
[2] *Idem*, chap. ix.

gigantesque, est dépassé dans son audace révolutionnaire. On lui annonce, à son tour, l'imminence de son arrestation. *Ils n'oseraient*, dit-il, en parlant de Robespierre, de Saint-Just et de leurs compagnons du Comité de salut public. *Ils n'oseraient* [1].... Cependant, ils osèrent et ils lui ont fait porter, à lui aussi, sa tête sur l'échafaud.

C'étaient des tigres plus hardis que d'autres tigres.

Voilà tout.

MÊME SUJET.

Voyez encore, maintenant que nous avons arraché tous les voiles, ce qui arrive :

L'audace a dépassé toutes les bornes. La fureur est au comble. Les tigres veulent se dévorer entre eux. La lutte s'ouvre. Nous sommes à la veille du 9 thermidor.

Couthon, Saint-Just, Robespierre et consorts veulent perdre Verdier, Cambon, Billaud-Varennes et consorts.

Les deux Comités, le Comité de salut public et le Comité de sûreté générale, lesquels forment deux volontés dans l'État, sont en conflit déclaré. Les ennemis de la république, dit Robespierre, ont opposé l'un à l'autre.

Ce qui constitue, d'après lui, dit-il, le 8 thermidor même, « DEUX GOUVERNEMENTS [2]. »

Mais, cette fois, l'on songe sérieusement à se défendre.

[1] Mignet, *Histoire de la révolution française*, ch. VIII.
[2] Mignet, *Histoire de la révolution française*, chap. IX.

Couthon, Saint-Just et Robespierre ont établi le quartier général de l'insurrection à l'Hôtel de ville.

D'un autre côté, la Convention nationale, que l'on veut opprimer, comme toujours, est présidée par un homme d'une immense énergie.

Pour la première fois cette assemblée *résiste*.

On va marcher contre les rebelles.

« Partez de suite, dit Talien, président de la Convention à ses défenseurs, et que le jour ne paraisse pas avant que la tête des conspirateurs soit tombée [1]. »

On partit et leur tête tomba.

Ce cri mâle et énergique de *résistance,* parti du sein de la Convention, fut entendu par les canonniers de la garde nationale réunis sur la place de Grève, autour des insurgés, qui s'enfuirent au lieu de les soutenir.

« Ces scélérats de canonniers, dit Henriot, le commandant général, m'abandonnent [2]. » -

Enfin, le cri de Tallien perça en même temps les voûtes de l'hôtel de ville, où étaient les conjurés, qui se troublèrent et se laissèrent prendre.

« Saint-Just attend son sort, » dit M. Mignet [3].

M. Thiers a prétendu que les conspirateurs, « avec de l'audace, » auraient pu l'emporter dans cette journée [4].

[1] M. Mignet, *Hist. de la révolution française,* chap. ix.

[2] *Idem,* chap. ix.

[3] *Idem,* chap. ix.

[4] Thiers, *Histoire de la révolution française,* t. VI, 4e édit., chap. vii, p. 401.

Ainsi, la journée du 9 thermidor a été un combat où les plus audacieux l'ont emporté.

Nous ne voulions rien prouver de plus.

Mais, ici, les secrets relatifs aux *conflits des pouvoirs*, à l'*audace* des assaillants, à la *résistance* des assaillis, se manifestent dans toute leur évidence.

***

Un témoignage de Cicéron.

On lit ce qui suit dans une lettre de Cicéron à Atticus, quand César fut tué dans le sénat par des sénateurs, et à l'occasion de la résolution que prirent, après l'événement, les conjurés de se retirer au Capitole, au lieu d'agir immédiatement et d'assurer leur victoire :

« Vous rappelez-vous, dit Cicéron à Atticus, le jour de la retraite au Capitole, comme je demandais à grands cris qu'on y fît convoquer le sénat par les préteurs ? Dieux immortels ! que ne pouvait-on pas faire dans ce premier moment de ferveur (de joie) pour les honnêtes gens et même pour les tièdes, et de consternation pour les méchants [1] ? »

. . . .

« Il aurait mieux valu, ajoute-t-il, après la mort de César, s'exposer à périr, ce qui ne serait point arrivé, que de voir tout ce que nous voyons [2]. »

. . . .

[1] *Lettre de Cicéron à Atticus*, liv. XIV, lettre x, traduction de M. Nisard.

[2] *Idem*, traduction de M. Panckoucke.

Puis, Cicéron dit encore qu'il était trop tard quand le sénat s'assembla le 18 mars. « Que pouvait-on faire ? reprend-il. Le mal était dès lors sans remède [1]. »

Et, ajoute Montesquieu, « ceux qui savent le prix d'un moment dans les affaires où le peuple a tant de part, n'en seront pas étonnés [2]. »

« Les conjurés, ajoute même Montesquieu, avaient d'abord résolu de jeter le corps de César dans le Tibre : ils n'y auraient trouvé nul obstacle ; car, dans ces moments d'étonnement qui suivent une action inopinée, il est facile de faire tout ce qu'on peut oser [3]. » Mais on sait qu'on laissa au parti de César le temps de se reconnaître, lequel reprit courage. Lépidus s'empara de la place romaine, et les vétérans, qui craignirent qu'on ne leur enlevât les bienfaits de César, entrèrent dans Rome. Dans cette situation, « le sénat, dit encore Montesquieu, se crut obligé de permettre qu'on fît les obsèques de César ; et, effectivement, dès qu'il ne l'avait pas déclaré tyran, il ne pouvait lui refuser la sépulture. Or, c'était une coutume des Romains, si vantée par Polybe, de porter dans les funérailles les images des ancêtres, et de faire ensuite l'oraison funèbre du défunt. Antoine, qui la fit, montra au peuple la robe ensanglantée de César, lui lut son testament, où il lui faisait de grandes largesses, et l'agita

[1] *Lettre de Cicéron à Atticus*, trad. de M. Panckouke.
[2] *Grandeur et décadence des Romains*, chap. XII.
[3] *Idem*.

au point qu'il mit le feu aux maisons des conjurés [1]. »

.   .   .   .

La lettre de Cicéron à Atticus contient encore
ce passage :

« Pensez-vous que ces gens-là (les hommes
du parti de César) croient pouvoir jouir en sûreté
de ce qu'ils ont eu de César (de leur usurpation),
qu'ils ne se soient défaits de nous, à présent qu'ils
ont reconnu que nous n'avons pas autant de
vigueur qu'ils l'avaient cru [2] ? »

Ce témoignage de Cicéron, sous les yeux du-
quel tout se passa, et qui raconte les faits sans
commentaires politiques, mais avec la simplicité
d'un témoin qui dépose en justice, est ici d'un
grand prix.

On y voit tout ce que l'audace aurait pu faire
obtenir en attaquant.

Tout ce que cette audace produisit sur ceux qui
furent attaqués, lesquels, en premier lieu, tom-
bèrent dans la consternation.

On y voit que ceux qui avaient attaqué n'auraient pas péri s'ils avaient passé outre sans se
laisser arrêter par la crainte dont ils furent saisis
aussitôt après l'événement, et ce qu'ils auraient
pu obtenir par plus de courage, s'ils avaient agi
sans se préoccuper de vaincre.

Il n'auraient point péri, dit Cicéron.

Enfin on y voit que la plus grande révolution
du monde, par suite d'une irrésolution d'un in-

[1] *Grandeur et décadence des Romains*, chap. XII.
[2] *Lettre à Atticus*, traduction de M. Panckouke.

stant, s'est accomplie, à cause de cette circonstance, dans le sens inverse de l'intention qui l'avait fait entreprendre.

Les multitudes, que Cicéron appelle « les tièdes, » qui avaient d'abord applaudi au meurtre de César, parce que l'on avait cru que là était la victoire, tournèrent ensuite avec la fortune et passèrent bien vite du côté d'Antoine et de ceux qui, avec lui, avaient repris le gouvernement de Rome et le livre des raisons de César.

Ceci dit encore sans prononcer de jugement ni pour ni contre César, ni pour ni contre la république ; mais seulement afin de révéler certains mystères politiques et d'en tirer toutes les conséquences qu'ils comportent, conséquences que les témoins qui rapportent ces mystères n'ont pas toujours complétement établies ou du moins généralisées.

MÊME SUJET.

Quant à Cicéron, que l'on n'avait pas écouté, ses craintes prophétiques se réalisèrent toutes. Tous les conjurés finirent « malheureusement leur vie, » dit Montesquieu [1]. Cicéron lui-même fut, plus tard, placé le premier sur une liste de proscription par le parti triomphant de César.

Les sbires d'Antoine, son mortel ennemi, le recherchent. Cicéron veut recevoir la mort et non la fuir.

[1] *Grandeur et décadence des Romains,* chap. XIII.

« .... Il attend sans pâlir ses assassins, dit M. Lamartine, il appuie son coude sur le genou, soutient son menton dans la main, comme c'était son habitude de corps quand il méditait en repos dans le sénat ou dans sa bibliothèque, et regardant d'un œil intrépide *Hérennius* et *Popilius*, il leur évite la peine de l'arracher de sa litière, et leur tend la gorge, comme un homme qui, en allant au-devant du coup, va au-devant de l'immortalité.

Hérennius lui tranche la tête et la porte lui-même à Antoine, pour qu'aucun autre, en le devançant, ne lui dérobe la première joie du triumvir, le prix du crime auquel il a dévoué son épée.

. . . .

Antoine ordonna de clouer la tête sanglante de Cicéron entre ses deux mains coupées, sur la tribune aux harangues; suppliciant ainsi la plus haute éloquence qui fut jamais, par les deux organes de la parole humaine : le geste et la voix. Mais Fulvie, femme d'Antoine, ne se contenta pas de cette vengeance; elle se fit apporter la tête de l'orateur, la reçut dans ses mains, la plaça sur ses genoux, la souffleta, lui arracha la langue des lèvres, la perça d'une longue épingle d'or qui retenaient les cheveux des dames romaines, et prolongea, comme les Furies dont elle était l'image, le supplice au delà de la mort[1]. »

[1] *Le Civilisateur.*

De l'attroupement en France et de l'attroupement en Angleterre.

En France, le moindre attroupement se transforme en sédition; en Angleterre, il n'est souvent qu'une démonstration populaire. Dans ce pays, on croit au droit du trône et à celui du Parlement. En France, c'est tout le contraire : on ne croit ni à l'un ni à l'autre.

La moindre fraction du peuple s'y est arrogé le droit de souveraineté.

On a vu cette prétention mise en pratique contre la Convention nationale elle-même.

En Angleterre, le peuple se retire à l'apparition du bâton du constable. En France, dans de pareils cas, la voix des magistrats est presque toujours méconnue.

Cependant l'obéissance à la loi, c'est là ce qui distingue un peuple libre. L'émeute, la résistance, c'est la barbarie. La soumission à la loi, l'obéissance légale, voilà la liberté.

On ne sait pas assez en France que la liberté, c'est le magistrat qui parle au nom de la loi; que c'est lui, un morceau de papier à la main contenant la loi, qui représente cette divinité que l'on invoque sans cesse et que l'on outrage toujours. Oui, c'est là que réside le droit. Quand on lui résiste, rien n'existe plus. Il ne reste que la violence et la tyrannie de la force.

« La liberté, a dit Montesquieu, consiste à faire ce que l'on doit vouloir, et à n'être point contraint de faire ce que l'on ne doit pas vouloir.

« La liberté, dit-il encore, c'est le droit de faire tout ce que les lois permettent ; et si un citoyen pouvait faire ce qu'elles défendent, il n'y aurait plus de liberté, parce que tous les autres auraient tout de même ce pouvoir[1]. »

Donc, toute action, toute mesure quelconque qui a pour objet de contraindre qui que ce soit à faire ce que l'on ne doit pas vouloir, être violenté dans sa personne ou dans son domicile, est un attentat contre la liberté.

Le pillage, l'incendie, l'émeute, les barricades en sont presque toujours la destruction.

Vous qui résistez à la loi, ignorez-vous donc que votre propriété, que votre maison, que votre femme, que vos enfants, c'est la loi qui vous les donne? Et que ce droit, que vous avez sur toutes ces choses précieuses et qui vous sont si chères, ne consiste également qu'en un morceau de papier qui est la loi, laquelle veut que votre droit soit respecté?

Oh! si vous aimiez la liberté, que vous ne comprenez pas, la centième partie autant que nous l'adorons, vous tomberiez à genoux devant la loi, quand sa voix se fait entendre, au lieu de la méconnaître et de la violenter.

Nul donc ne doit résister à la loi.

Quand, en France, on sera pénétré de cette vérité, le problème du gouvernement parlementaire y sera peut-être résolu. Il n'y aura plus de révolution à craindre, du moins de révolution

[1] *Esprit des lois,* livre XI, chapitre III.

populaire. Mais, d'ici-là, le problème est encore à résoudre.

Dans tous les cas, ce serait avec la foudre qu'il faudrait y défendre les lois quand la révolte surgirait pour les attaquer.

De l'empêchement entre pouvoirs souverains.

L'empêchement politique, entre pouvoirs souverains, est une négation.

Voici le raisonnement auquel il donne lieu :

L'empêchement peut empêcher le mal;

Mais l'empêchement peut empêcher le bien ;

Donc il est une négation.

Et, on l'a vu, si son utilité est problématique, son danger ne l'est pas.

Nous avons montré tous les maux qu'il nous a causés.

Nous demandons, maintenant, que l'on nous montre les maux qu'il nous a épargnés.

Ce n'est pas tout que de préconiser un système, il faut le justifier.

Répétons-nous donc, puisqu'il faut nous répéter :

La liberté n'est pas dans la division du pouvoir souverain.

Et disons qu'un pouvoir souverain ne fait pas échec à un autre pouvoir au profit des citoyens, comme on a voulu et comme on veut toujours le faire accroire.

Car si cet échec de l'un des pouvoirs pouvait être un profit, il serait aussitôt détruit par un second échec de l'autre pouvoir, qui en ferait un à son tour qui balancerait le premier échec.

Echec qui serait peut-être pire pour la tranquillité publique, ce qui, du reste, arrive toujours.

En effet, la logique le veut de la sorte.

Pour qu'un pouvoir pût faire un échec à un autre pouvoir, sans que celui-ci, qui le subit, pût y répondre par un autre échec, il faudrait que le premier pouvoir fût le maître, c'est-à-dire le souverain.

Et si ce pouvoir était le maître, l'autre pouvoir ne serait plus souverain.

Ainsi, comme on l'a vu, quand les deux ou trois pouvoirs souverains sont d'accord, c'est, pour les simples citoyens, absolument comme s'il n'y avait qu'un seul pouvoir souverain.

Puis, comme on le voit maintenant, quand ces pouvoirs ne sont pas d'accord, et que l'un fait échec à l'autre ou aux autres, il n'en résulte aucun avantage, puisque ce dernier ou ces derniers peuvent répondre à leur égal par un autre échec qui enlève le bénéfice du premier échec, si bénéfice il y a.

Voilà pour les avantages.

Quant aux inconvénients, on les connaît. Ils sont écrits en lettres de sang dans notre histoire.

———

MÊME SUJET.

Les parlementaires disent : Mais quand les pouvoirs ne sont pas d'accord, le monarque modifie l'une des chambres ou dissout l'autre. Le corps électoral décide et le monarque doit céder. Ce raisonnement, que l'on croit tout résoudre, ne résout rien du tout. D'abord il n'embrasse qu'une face de la question, et laisse les autres de côté. Faisons de même, mais suivons les parlementaires sur le terrain où ils se placent.

Répondons-leur donc que ce n'est plus alors le prince et les chambres qui sont en conflit, mais que c'est le prince et le corps électoral qui sont en présence. Car, ce qu'il ne faut pas perdre de vue, c'est que le gouvernement parlementaire exige que le monarque soit libre et inviolable, pour que la liberté constitutionnelle, suivant les principes parlementaires, soit possible.

Or, si la question, ainsi que cela est d'usage, est dynastique, comme sous Charles X, le dénoûment pacifique du conflit est impossible. Il en est encore ici comme de toutes vos combinaisons, qui sont autant de cercles vicieux dont on ne peut pas sortir.

Votre corps électoral de cinq cent mille hommes peut se tromper comme cinq hommes. Par la même raison, cinq cent mille hommes ne représentent pas plus la liberté que deux pouvoirs, que trois pouvoirs. Que voulez-vous donc faire ? Charles X, conformément à la Charte, en a appelé des 221 aux électeurs. Il prétendait avec raison que la prétention de contester sa prérogative de nommer les ministres en les condamnant avant qu'ils n'eussent rien fait, était la destruction de la royauté, de la royauté sans l'indépendance et l'inviolabilité de laquelle il n'y a plus de monarchie constitutionnelle possible.

Les électeurs ont parlé comme les 221. Charles X, voyant son autorité brisée, la Charte détruite, a fait ses ordonnances.

Un monarque qui n'a pas le choix de ses ministres n'est plus un monarque.

Quoi que vous fassiez donc, vous trouvez l'*absolu* ou la *révolution* ; et nous vous suivrons dans chaque retranchement où il vous plaira de vous réfugier.

Oui, il est impossible de contester que la division du pouvoir souverain ne soit pas la RÉVOLUTION. Car la division du pouvoir souverain, c'est la lutte, la résistance, l'empêchement, le combat et, au besoin, le renversement. Autrement, si vous enlevez le droit de révolution, si vous le réservez, votre édifice parlementaire n'est rien du tout, ni votre prétendue liberté politique non plus.

Tout croule, faute de base.

Comment être libre, sans faire disparaître l'empêchement qui vous empêche d'être libre ?

MÊME SUJET.

Ce qui tire, comme le *non*-parlementaire, l'emporte toujours. Il faut donc que la résistance soit la plus forte, ou qu'elle soit brisée ou se brise. Ce *secret*-là ne devrait pas en être un.

Il y a quelque chose au-dessus des votes mêmes d'un peuple. C'est la logique, c'est le bon sens, c'est la raison.

Des millions de voix sont un fait, comme sous la république ; ils ne sont pas un argument. De même il est impossible que des réalités soient prises pour des fictions.

MÊME SUJET.

Mais, dira-t-on, par la même raison que l'on peut préférer d'autres formes de gouvernement à la forme parlementaire, nous préférons, nous, la forme parlementaire, même avec les révolutions qu'elle produit, à toute autre forme de gouvernement ?

Sur ce terrain-là, il n'y a plus rien à répondre.

On ne peut discuter ni du goût ni des couleurs.

Le débat est terminé.

Nous ne demandons aux parlementaires qu'une chose : c'est qu'ils nous concèdent que la division du pouvoir souverain, c'est la révolution.

N'y a-t-il pas un juste milieu possible [1] ?

Quant à nous, nous sommes pour les termes moyens.

Nous tenons très-grand compte des circonstances, malgré notre coup de *lame*.

Nous savons bien, comme J. de Maistre, que l'inconvénient des inondations et des incendies ne prouve nullement qu'il faille supprimer l'eau ni le feu.

[1] Cet article a été écrit en 1850.

Du contrôle.

Le *contrôle* est différent de l'*empêchement*. Cependant, comme l'empêchement, il peut être une négation. Mais il a ceci de bon : c'est qu'il a la chance de faire le bien, sans avoir la même chance de faire le mal.

Les députés et la volonté générale.

Jean-Jacques Rousseau, en parlant des députés du peuple et de ses représentants, a dit que « la volonté ne se représente point : elle est la même, dit-il, ou elle est autre ; il n'y a point de milieu[1]. »

Cette proposition, dans le *Contrat social*, a une forme un peu métaphysique. Mais ce qui démontre bien cette vérité, c'est que 8 millions de voix, en 1851, ont acclamé le Président de la République dont l'Assemblée législative, en majorité, ne voulait pas. Ceci dit à part la situation.

De la diffusion de la souveraineté dans les familles dynastiques.

Ce n'est pas seulement la division dans les pouvoirs souverains qui amène les révolutions ; la diffusion de la souveraineté dans les familles dynastiques produit quelquefois aussi les mêmes résultats.

[1] *Contrat social*, livre III, chapitre xv.

Le monde est plein de ces exemples, qui n'ont pas été assez remarqués.

La plupart des guerres, la plupart des luttes anciennes, ne viennent-elles pas de cette diffusion de souveraineté dans les familles, qui entraînait autrefois le partage des territoires ?

Les troubles, les désordres, l'anarchie, la faiblesse de l'autorité, le manque de puissance nationale, enfin tous les maux des temps féodaux ne viennent-ils pas également de la division de la souveraineté ?

Voyez ce que dit, sur ce point, le président Hénault, dans son *Abrégé de l'histoire de France*, à la date de 923. « Si l'État monarchique, dit-il, est le plus propre à maintenir la durée des empires, et à procurer la tranquillité des particuliers, on doit regarder l'introduction des fiefs comme également fatale à l'une et à l'autre, puisque alors rien n'était plus opposé à l'autorité souveraine. Le vassal du roi avait ses droits pour lui refuser l'obéissance, et les arrière - vassaux de la couronne, sujets à la fois du roi et de son vassal immédiat, étaient toujours dans une situation douteuse, et ne savaient auquel entendre. »

N'était-ce pas sous ce régime qu'en France, par exemple, les Normands venaient ravager le royaume que le roi ne pouvait plus défendre ? ce qui valut la couronne à Hugues Capet, qui, tenant les clefs d'Orléans et de Paris, était le seul qui pût résister à « ces brigands[1] ? »

N'est-ce pas, alors, la diffusion de la souverai-

[1] Montesquieu, *Esprit des lois*, liv. XXXI, ch. XXXIII.

neté qui donna le trône à un puissant vassal, au détriment de Charles de Lorraine, qui en était l'héritier ?

Mais bornons-nous ici à quelques citations de faits de l'histoire moderne en ce qui concerne la diffusion de la souveraineté dans les familles dynastiques. Ces faits, nous ne ferons que les rappeler sommairement, tant ils sont connus de nos lecteurs.

En 1688, c'est parce que le prince d'Orange est l'époux d'une fille des Stuarts qu'il prend la couronne d'Angleterre [1].

En 1830, c'est parce que le duc d'Orléans est Bourbon qu'il reçoit la couronne de France.

Les révolutions de 1688 et de 1830 sont donc le produit, à la fois, et de la division du pouvoir souverain et de la diffusion de la souveraineté dans les familles dynastiques, ou de ce que l'on croit être ainsi.

Les dangers de la diffusion de la souveraineté des familles sont tellement compris à Constantinople, que les frères puînés des sultans sont constamment enfermés, et qu'ils ne quittent leur prison perpétuelle qu'à la mort du souverain régnant quand il meurt sans enfants, alors qu'ils doivent à leur tour occuper un trône devenu vacant.

Cette réclusion des princes, que nous ne demandons point que l'on imite, est une maxime d'État à Constantinople, et l'un des principes

[1] L'Angleterre voulait donner la couronne non à Guillaume, mais à la princesse Marie, sa femme.

conservateurs de l'empire ottoman. Sans suivre ces exemples, on peut cependant profiter des leçons qu'ils donnent pour ne point tomber dans les abus contraires, qui sont remplis de périls extrêmement redoutables.

La diffusion de la souveraineté dans les familles dynastiques, comme cause de faiblesse pour les nations, n'échappa point à la profondeur politique du sénat romain dans le système qu'il suivit pour se soumettre les peuples.

« Lorsqu'il y avait quelques disputes dans un État, dit Montesquieu, en parlant des Romains, ils jugeaient d'abord l'affaire ; et par là ils étaient sûrs de n'avoir contre eux que la partie qu'ils avaient condamnée. Si c'étaient des princes du même sang qui se disputaient la couronne, ils les déclaraient quelquefois tous deux rois ; si l'un d'eux était en bas âge, ils décidaient en sa faveur, et ils en prenaient la tutelle [1]....Lorsqu'ils accordaient la paix à quelque prince, ils prenaient quelqu'un de ses frères ou de ses enfants en otage, ce qui leur donnait le moyen de troubler son royaume à leur fantaisie. Quand ils avaient le plus proche héritier, ils intimidaient le possesseur ; s'ils n'avaient qu'un prince d'un degré éloigné, ils s'en servaient pour animer les révoltes des peuples [2]. »

Et l'Angleterre ? Comment a-t-elle conquis l'Inde, cet empire de cent millions d'habitants ? Elle l'a conquise, parce que l'Inde, dans ce

[1] *Grandeur et décadence des Romains*, chap. VI.
[2] *Idem*, chap. VI.

temps, « subissait le régime d'un double gouvernement ; » parce que « le titre et l'autorité étaient partout séparés ; » parce que, « à la chute de la maison de Tamerlan, elle se trouvait dans le même état que l'Europe après la dissolution de l'empire carlovingien ; » parce que « dans toutes les provinces, la souveraineté réelle et la souveraineté nominale étaient complétement séparées ; » parce que « dans cette situation, aucune royauté *de facto* et *de jure* ne possédait les moyens physiques de se faire craindre de ses voisins et de ses sujets [1]. »

Voilà pourquoi Waren Hastings, s'armant du pouvoir absolu, a conquis l'Inde au profit de l'Angleterre.

Il opta sans scrupule pour le *fait* ou le *droit*, suivant son intérêt ; domina par la division et rendit l'Angleterre souveraine en ne reconnaissant de droits qu'à ceux qui se soumettaient à sa suzeraineté. Vendant la justice comme l'iniquité, il allait de porte en porte, de palais en palais, c'est-à-dire de royaume en royaume, et disait au prince *de facto* : « Reconnaissez la souveraineté de l'Angleterre, payez tribut, et l'Angleterre vous reconnaîtra, vous protégera contre votre compétiteur. » Ou bien, si le possesseur n'acceptait pas, s'il refusait, il se retournait du côté du titulaire et disait au prince *de jure* : « Si vous voulez

______

[1] Voy. un article sur Waren Hastings publié par M. Macaulay, ancien ministre d'État anglais, dans la *Revue d'Edimbourg*, de 1841, et traduit en français dans la *Revue britannique* de janvier et février 1842.

traiter avec l'Angleterre, faire alliauce avec elle, l'Angleterre s'unira à vous, elle vous prêtera ses forces pour renverser l'usurpateur de votre empire; elle vous rendra vos droits et le trône dont vous avez été dépouillé . »

On sait ce qui est arrivé de cette politique.

« Il y a maintenant, a dit un écrivain[1], au fond d'un sérail, dans un coin de l'Indoustan, un homme ignoré, couvert de perles et de soie, qui se dit empereur, que l'on sert à genoux et qui a des ministres ; chaque soir, un colonel anglais ferme lui-même les portes du palais, en met la clef dans sa poche et laisse l'empereur enfermé: ce triste captif, entouré de ses inutiles cipayes, de ses enfants dégénérés et de cette vaine pompe, représente bien l'Asie moderne. Il se promène, fume, rêve et abandonne à ses geôliers l'administration de ce qu'il nomme son empire. Partout, sur un espace de territoire aussi vaste que notre Europe, cent millions d'hommes reçoivent la loi de l'Angleterre. »

Ce qui précède nous rappelle qu'en 1814, une première fois, et en 1815 une seconde fois, Paris fut pendant un certain temps fermé chaque soir, et que la clef de la capitale de la France, comme celle du palais du captif indou, se mettait dans une poche étrangère.

Tristes souvenirs! dûs non à la diffusion du pouvoir souverain, mais à la division du pouvoir souverain.

Aussi, l'histoire ne saurait-elle pardonner à

______
[1] M. Philarète Chasles.

ces déplorables assemblées, qui s'appelèrent Corps législatif et Chambre des représentants, d'avoir soulevé, d'une manière si inopportune et si dangereuse, le détestable antagonisme qui tendit à ouvrir deux fois à l'ennemi le cœur de la France.

MÊME SUJET.

En Angleterre, la diffusion de la souveraineté dans les familles dynastiques a amené les tentatives contre-révolutionnaires de 1715 et de 1745 qui l'ont, un instant, ouverte en deux.

Il se produit, dans ces circonstances, le même effet qui se produit dans la division du pouvoir souverain, quand l'antagonisme des pouvoirs éclate. Il surgit en même temps deux drapeaux sous lesquels chacun se classe. Quelquefois tout le monde se porte d'un même côté quand on croit que là est toute la chance. C'est ce qui a perdu l'empire romain. Quand une fois une armée eut élu son général pour empereur, chaque armée voulut avoir son général pour empereur. Ces empereurs devinrent bientôt des divisions de la souveraineté romaine. C'étaient autant de drapeaux séparés, et, comme on le sait, ce sont des drapeaux séparés qui font naître les révoltes.

L'encouragement, comme l'électricité, agit aussitôt.

On voit, on sent les divisions dans les familles souveraines comme on voit, comme on sent l'antagonisme dans les pouvoirs souverains. La foule, qui cherche le désordre, accourt. Le drapeau qu'elle voit l'encourage et l'enhardit. Et se comparant dès lors à celui qui tient le drapeau, elle croit qu'elle court un danger d'autant moindre que celui qui tient le drapeau de la révolte est plus haut placé. C'est ainsi que l'illusion s'empare des sens et de l'esprit de la multitude, dont la lâcheté habituelle se transforme en témérité apparente qui n'est redoutable que quand on s'en laisse intimider.

Il suit de là un effet de bascule inouï. Des gens qui tout à l'heure marchaient paisiblement dans le sentier commun à tout le monde, sautent tout à coup d'un autre côté à l'apparition du drapeau d'opposition quand il s'est montré. Il suffit pour cela d'un homme dynastique posé en conséquence ou d'un homme de l'autre pouvoir souverain, haut placé, que ce pouvoir souverain écoute.

Non-seulement il se produit une balance avec deux plateaux, mais encore tout se porte quelquefois dans le plateau nouveau, au préjudice de l'ancien plateau. C'est l'effet magique qui fut produit par Mirabeau, en 1789, quand il fit répondre au roi que l'assemblée, qui l'écouta, ne se séparerait point, malgré ses commandements. « Ce jour-là, dit M. Mignet, fut perdue l'autorité royale. L'initiative des lois et la puissance morale passèrent du monarque à l'assemblée [1]. »

C'est l'effet magique, comme on l'a vu, que produisit Napoléon en France à son retour de l'île d'Elbe.

[1] *Histoire de la révolution française*, chap. Ier.

C'est l'effet magique qui se produisit à Rome quand César passa le Rubicon. La multitude, qui devine tout, se dit à elle-même qu'il fallait que César fût bien sûr de la victoire pour avoir osé une telle entreprise. Et on a vu l'effet qui en rejaillit sur Pompée.

C'est là encore ce qui se vit lors du meurtre de César, et ce qui changea aussi vite le lendemain, en même temps que changea la fortune, ou que l'audace se déplaça.

C'est là, enfin, ce qui se vit en Angleterre, quand le prince d'Orange y débarqua.

En 1851, lors du conflit entre l'Assemblée et le président de la république, il y avait en France deux partis apparents bien distincts. L'armée elle-même allait se partager entre les deux drapeaux. Mais tout changea subitement par le coup d'Etat. Et quand le clairon de la victoire se fit entendre, il n'y eut plus dans l'armée qu'un seul drapeau pour tout le monde, le drapeau du président.

Déjà, la veille, la promptitude de la décision avait tout emporté.

C'est là ce qui se voit toujours, dans tous les temps, dans tous les pays, et ce qu'il suffit de remarquer avec attention pour apercevoir comme nous.

C'est donc la décision du président, au 2 décembre, qui a fait tout obéir, qui a tout entraîné. Voilà le secret de l'événement.

L'événement, tant la chose est naturelle, a même été accompli par certains hommes qui, vingt-quatre heures auparavant, avaient des idées toutes contraires.

MÊME SUJET.

En résumé, généraux conquérants, comme les généraux romains après la grandeur de Rome, diffusion de la souveraineté dans les familles, comme dans le royaume d'Égypte au temps où les sœurs succédaient avec les frères, division de la volonté souveraine dans les Etats parlementaires, voilà les ferments des révolutions.

MÊME SUJET.

N'oublions pas de dire que tout pouvoir attaqué par un autre pouvoir est à moitié renversé.

Il en est comme quand on est arrêté ou mis en suspicion.

On est à moitié condamné.

Le pouvoir attaqué perd tout-à-coup l'avantage que gagne le pouvoir qui attaque.

C'est avec cela que l'équilibre se rompt et que le renversement s'opère.

Le coup d'État du 2 décembre.

Après le coup d'État du 2 décembre, huit millions d'hommes ont vogué subitement dans la même direction, poussés par le même coup d'aviron. Quand le premier commissaire de police a marché, tous les commissaires de police ont marché. Il en est arrivé absolument comme il en arrive à ces bâtiments qui attendent à l'ancre le vent favorable pour se mettre à flot. La plus légère bise qui enfle les voiles de la moindre chaloupe enfle de même les voiles de ces immenses navires qui partent tous en même temps.

Aussi y a-t-il un abîme entre le coup d'État du 2 décembre et celui du 18 brumaire. La preuve, c'est que le 18 brumaire pouvait se manquer et a failli se manquer. Le 2 décembre, au contraire, était immanquable. On sait que notre tâche n'est point de nous prononcer ni pour ni contre ces grands événements. Nous nous bornons seulement à en constater les effets. A ce titre, nous dirons que le coup d'État du 2 décembre, par la profondeur de la conception, par la hauteur de l'appréciation, par la résolution qu'il annonça, par la simplicité du plan et la justesse de l'exécution, est un chef-d'œuvre dans ce genre.

D'un autre côté, parmi les généraux et les hommes politiques arrêtés, personne ne résista sérieusement. De leur part, pas une amorce ne brûla, pas une blessure ne fut à déplorer. On peut lire l'historique de l'exécution de ce coup d'État dans un écrit de M. A. Granier de Cassagnac intitulé : *Récit complet et authentique des événements de décembre 1851*. L'auteur a le soin de faire remarquer que les détails qu'il en a donnés sont *scrupuleusement exacts, ayant été relevés sur les pièces officielles*, c'est-à-dire, probablement, sur les rapports des commissaires de police chargés des arrestations.

MÊME SUJET.

Voici le récit de M. A. Granier de Cassagnac concernant l'arrestation de M. le général Changarnier, que l'on fut pour prendre dans son lit. «.... Le général parut, en chemise, nu-pieds, un pistolet à chaque main.

« Le commissaire se précipita sur ses bras, et abattit ses armes, en lui disant : —Qu'allez-vous faire, général? on n'en veut pas à votre vie; pourquoi la défendre ?

« Le général resta *calme, livra ses pistolets*, et dit : —*Je suis à vous, je vais m'habiller.*

Le général fut habillé par son domestique, et dit au commissaire : *Je sais que M. de Maupas est un homme bien élevé; veuillez lui dire que j'attends de sa courtoisie qu'il ne me prive pas de mon domestique, dont je ne puis pas me passer.* Cette demande fut immédiatement accordée.

En route, et dans la voiture, M. le général Changarnier parla de l'événement du jour. *La réélection du président était certaine*, dit-il, *il n'avait pas besoin de recourir à un coup d'État; il se donne bien de la peine inutilement.* Plus tard, il ajouta : *Quand le président aura la guerre à l'étranger, il sera content de me trouver pour me confier le commandement d'une armée* [1].

Tout le monde se rappelle ces paroles mémorables du général Changarnier : *Mandataires de la France, délibérez en paix.* Paroles pro-

[1] *Récit complet et authentique des événements de décembre 1851*, p. 7.

noncées le 3 juin 1851 devant l'Assemblée nationale, en vue de l'éventualité d'un coup d'État
de la part du président de la république, coup
d'État dont M. Changarnier défiait l'entreprise,
et auxquelles la circonstance d'avoir été arrêté
le premier dans son lit, le coup d'État arrivant,
ont donné tant de célébrité. Eh bien! les paroles que M. le général Changarnier a pro-
noncées devant M. le commissaire de police
Leras, que l'histoire doit recueillir, ont une
importance bien autrement grande, si on veut
les bien peser, au point de vue des secrets effets
politiques que nous révélons et qui se produisent toujours au profit de l'attaque ou de la résolution. Paroles incontestables, et qui ont été,
pour ainsi dire, l'objet d'un véritable procès-
verbal dressé par un fonctionnaire public.

Quant à la conduite du général, voyez-la :

Il livre ses armes, au lieu d'en user : lui qui
s'était engagé à ne point se laisser surprendre.

Il est obséquieux pour le préfet de police.

Il est plein de courtoisie pour le subordonné
qui l'arrête; il cause avec lui.

Il flatte le président de la république, dont
LA RÉÉLECTION ÉTAIT CERTAINE, dit-il.

La réélection du président, après le refus de
la révision de la constitution! réélection qui eût
été une illégalité énorme, en même temps
qu'une faute politique inadmissible et injusti-
fiable !

Il offre presque ses services. QUAND LE PRÉSI-
DENT AURA LA GUERRE AVEC L'ÉTRANGER, ajoute-

t-il, IL SERA CONTENT DE ME TROUVER POUR ME CONFIER LE COMMANDEMENT D'UNE ARMÉE.

Diplomatiquement parlant, dire que le président *sera content de le trouver*, c'est dire que l'on *sera content de servir*, ou bien l'on ne saurait plus ce que parler veut dire, ou bien le récit de M. A. Granier de Cassagnac, au lieu d'être *authentique*, serait, ce que nous n'avons jamais pensé, un *faux* qu'il faudrait punir.

En fait, les autres généraux arrêtés, MM. Cavaignac, de Lamoricière, Le Flô, Bedeau, quoique s'étant conduits bien différemment, n'ont pas opposé dans cette journée de résistance grandement redoutable.

Nous ne pouvons que les approuver en cela.

Nous comprenons que l'on meure pour la patrie, et c'est là, sans doute, ce que feraient les illustres généraux.

Mais nous n'aurions pas compris que l'on pût mourir pour une circonstance semblable.

Les révolutionnaires.

Pour en revenir aux révolutionnaires, on le voit, ils ne sont redoutables que quand on en a peur. Ils n'ont de dangereux que leur drapeau et leur exemple.

Il s'agit de ne pas les craindre.

Quand on le voudra bien, il en sera d'eux comme de l'histoire des bâtons flottants de la fable : ils ne seront rien du tout.

Beaucoup de ces *crinières*, disait Louis Veuillot[1], auquel nous avons vu manier les armes avec le même courage que la plume, beaucoup de ces *crinières*, disait-il, en parlant des *rouges* de la dernière *Montagne*, sont des *perruques*.

Opinions mal fondées sur la splendeur des États.

Il y a des gens qui disent : Mais voyez l'Angleterre ! C'est la division du pouvoir souverain qui a fait sa grandeur !

Ces gens-là raisonnent comme ceux qui disent: Voyez les États protestants! Ils sont plus prospères que les États catholiques !

Il n'y a qu'une même réponse à faire à tous.

C'est la mer et certaines conditions économiques qui font la force de l'Angleterre, la prospérité de la Hollande, la grandeur des Etats-Unis, et qui ont rendu, pendant si longtemps, l'Espagne si puissante.

Car l'Espagne n'était ni constitutionnelle ni protestante aux siècles dont nous parlons, et elle a égalé, sinon dépassé en splendeur, toutes les nations que vous nous citez.

Elle a été maîtresse de la moitié de l'Europe et de presque tout le nouveau monde.

Tyr, Sidon et Carthage n'ont dû leur opulence qu'à la mer.

Digression dernière.

Nous le répétons, en Angleterre, il n'y a pas

[1] *L'Univers,* du 12 août 1851.

réellement trois volontés gouvernementales. L'aristocratie, toute-puissante dans la Chambre des lords et dans la Chambre des communes, dominant la royauté, y est tout. De plus, c'est avec des *maximes d'État*, une *pratique politique*, un *art particulier de conduire les hommes*, comme il en était autrefois dans l'aristocratie romaine, que gouverne l'aristocratie britannique. Quand cette *science*, qui est l'unité, disparaît ; quand des nuages la couvrent, l'obscurcissent ; quand les affaires sont livrées au hasard, tout y périclite comme partout. Nous n'avons matériellement rien vu qui puisse justifier nos allégations ; mais nous sommes sûr qu'elles sont fondées, par la raison qu'il n'en peut être autrement. Polybe, également, chez les Grecs, attribuait à la politique romaine des causes auxquelles on ne voulait pas croire, mais que Machiavel, Bossuet et Montesquieu, depuis, ont expliquées et vantées. Et, d'ailleurs, il y a déjà bien longtemps qu'un historien plein de sens, en parlant de l'Angleterre, a dit que, dans ce pays, l'on avait « *l'art* » d'y gouverner « avec le frein *apparent* du Parlement[1]. »

En 1848, avant le vote de la constitution politique de cette époque, nous affirmâmes comme inévitable une éventualité qui n'a point manqué de se réaliser.

« Si vous divisez la souveraineté, dîmes-

Le président Hénault. *Abrégé chronologique de l'histoire de France* à la date de 1625. Hénault, né en 1685, est mort en 1770.

nous, en établissant une assemblée indépendante et un président indépendant, il arrivera inévitablement l'un de ces deux résultats : ou le président brisera l'assemblée, ou l'assemblée brisera le président.

« Si le président n'est qu'un citoyen ordinaire, il sera battu.

« Si le président, au contraire, est plus qu'un citoyen ordinaire, c'est lui qui battra l'assemblée [1]. »

Le 2 décembre 1851, le président de la république a dit que l'Assemblée attentait au pouvoir qu'il tenait *directement du peuple*.

Puis, il l'a dissoute.

Il y a donc des choses dont on est sûr à peu près, sans les avoir vues, puisque nous avons annoncé, d'avance, comme certain, un événement qui n'était point encore arrivé, mais que nous regardions comme infaillible. Ce qui fait que ce n'est pas le cas ici de nous appliquer la formule vulgaire, qu'il est facile de juger après coup. Car, comme on le voit, les événements, dans notre petit livre, ont été annoncés et jugés avant d'avoir été produits dans l'histoire [2].

MÊME SUJET.

Nous avons encore publié, en septembre

[1] Voy. la troisième édition des *Tablettes des révolutions*, p. 81, et le journal *la Presse* du 1er oct 1848.
[2] Notre livre a été écrit en juin et juillet 1848.

1848 [1], ceci : c'est que si le président était contraint dans ses derniers retranchements par l'antagonisme de l'assemblée, comme il a failli l'être à l'occasion du conflit du commandement de l'armée, il pourrait briser « cette assemblée » sans que l'on pût « rien objecter, » ce qu'il a fait. De plus, nous avons dit que « élu par le peuple, » il pourrait « demander au peuple, » non « une autre assemblée, » mais le droit de « gouverner directement avec le peuple, sans le concours d'aucune assemblée, » ce qui est à peu près arrivé, puisque le président de la république, à lui tout seul, sans assemblée, a fait la constitution de 1852. Enfin, nous avons dit que « la souveraineté populaire accepterait le coup d'Etat [2], » ce qui a eu lieu également avec le succès le plus complet qui fut jamais.

Tout cela rappelé, non pour nous arroger le don de prophétie, mais pour constater que nous étions dans le vrai, et que nos prévisions étaient prises dans la nature, qui ne trompe jamais.

Nous avouerons même, en toute humilité, que nous ne songions nullement, alors, ni à Louis-Napoléon, ni à sa candidature présidentielle.

MM. Emile de Girardin et Louis Veuillot, à des titres divers, partageaient ces prévisions.

---

[1] *Tablettes des révolutions de la France*, 3ᵉ édition, p 101.

[2] La précédente édition de ce livre a eu lieu entre la présentation et le vote de la Constitution de 1848, c'est-à-dire sous la dernière république.

M. Émile de Girardin, notamment, a donné, dans *la Presse*, à notre petit livre, une célébrité que l'exiguité de l'ouvrage aurait semblé ne pas comporter [1].

MÊME SUJET.

Nous avons beau regarder autour de nous, derrière nous, plonger nos regards dans les siècles, nous ne voyons rien de plus fertile en révolutions que la division du pouvoir souverain.

Voyez Jacques Ier, Charles Ier, Olivier Cromwell, Richard Cromwell, Charles II, Jacques II, Guillaume III, George III, Louis XVI, le gouvernement de l'an III, Napoléon, Charles X et Louis-Philippe, qui ont tous été enrayés ou renversés par le gouvernement parlementaire.

Oui, rien n'est plus fatal que la division du pouvoir souverain. C'est donc une erreur capitale de M. Guizot d'avoir attribué l'antagonisme des assemblées parlementaires contre Cromwell à des causes exceptionnelles. Comme si Louis XVI, Charles X et Louis-Philippe n'étaient pas là, également, pour attester les dangers de l'antagonisme des assemblées souveraines.

Quant à Napoléon lui-même, il ne faut jamais oublier que le droit de défendre la France, envahie par l'étranger, lui fut refusé par une

---

[1] Voy. le journal *la Presse* des 30 sept., 1er, 7 et 31 oct. 1848, ainsi que le même journal du 23 juillet 1849.

assemblée, et que, par cette décision néfaste, la France, sans les Bourbons qui se trouvèrent là pour la sauver, comme il a été dit, pouvait être conquise, partagée et rayée de la liste des nations.

De l'autorité.

L'autorité c'est le commandement. Mais c'est l'obéissance qui fait l'autorité. S'il n'y a pas d'obéissance, il n'y a pas d'autorité. Quand donc le commandement est sans effet, et que l'on ne contraint pas celui qui doit obéir, c'est, en politique, ce dernier qui devient le maître.

Aussi est-ce en matière d'autorité que, quand on lâche ce qu'on a, on ne l'a plus. Vous perdez en même temps ce qui vous appartient, et le moyen que vous aviez de vous faire rendre ce qui était à vous. Les tribunaux, en pareil cas, sont incompétents, et la force, sans laquelle la justice même n'est pas possible, n'est plus pour vous.

Voilà pourquoi, en 1789, la puissance passa du côté de l'assemblée. Le maître, c'était l'assemblée, parce qu'elle faisait ce qu'elle voulait, et que le roi ne le faisait pas.

Le pouvoir s'était déplacé.

Le danger des gouvernements parlementaires se voit encore ici à découvert. En effet, la volonté étant indivisible, il faut qu'elle soit ici ou là. Elle va de l'un à l'autre pouvoir par le fait du droit de résistance. Et le pire, c'est que cet effet se produit au moyen du droit d'interprétation qui est arbitraire. Vous n'avez pas le droit de faire ce que vous prétendez, mais vous cherchez, autre part, un prétexte quelconque, un prétendu droit quel qu'il soit pour enlever l'autorité, et quand vous l'avez trouvé, vous faites pencher la balance de votre côté si vous prenez l'initiative et si on vous l'abandonne. Comme fit, en Angleterre, Shaftesbury qui se fit un jeu de ces gouvernements. Tout penche alors dans le même sens, tout vous suit, et les masses, en même temps, marchent avec vous. Effets qui n'auraient point lieu si le pouvoir n'était pas divisé, par la raison qu'il n'y aurait pas de droits en présence d'autres droits, et qu'il n'y a que des pouvoirs politiques, quand ce n'est pas la diffusion de la souveraineté, qui puissent produire de semblables effets.

Des concessions tardives.

L'autorité ne doit jamais faire de concessions forcées ou par une crainte quelle qu'elle soit.

On la devine toujours.

Et le moyen, en fait de concessions de ce genre, que prend l'autorité en vue d'un résultat donné, ne manque point de produire un résultat tout contraire à celui qu'elle en attendait.

Quand donc vous êtes en échec, pour des causes intérieures ou extérieures, c'est alors qu'on vous regarde agir. Vous avez en ce moment des myriades d'yeux qui vous contemplent. Ils voient le souci sur votre front, ils vous toisent, ils vous jaugent, ils vous suivent avidement du regard jusque dans les plis et replis les plus profonds de votre âme, et il vous est impossible de leur échapper.

Si donc, dans une circonstance capitale, vous cédez, ou si vous faites quelque chose d'analogue, qui ressemble à un calcul que l'on puisse interpréter comme l'effet d'une crainte quelconque, vous êtes perdu.

MÊME SUJET.

Quand vous avez le malheur d'en être là, si vous offrez du *cuivre*, ou vous demande de l'*argent* ; si vous offrez de l'*argent*, on vous demande de l'*or*.

Si vous offrez de l'*or*, on vous demande votre *personne même*.

Ou du moins le pouvoir dont vous êtes revêtu.

Ce résultat est infaillible.

Il faut alors déposer le sceptre et la pourpre.

Aller en exil ou être mis sous les verroux.

Peut-être même avoir la tête coupée.

Les concessions, arrachées par la force matérielle ou morale, sont le tombeau de toute autorité.

Il faut donc ou les faire à propos, ou n'en pas faire du tout.

MÊME SUJET.

Lorsque Louis XVI donna la déclaration du 23 juin, il était trop tard. Il avait été mis en échec par les États-généraux qui s'étaient constitués en assemblée nationale malgré lui.

On sait la fameuse réponse que fit Mirabeau à cette concession, lequel l'eût accueillie **de sa** province avec acclamation et l'eût célébrée si elle avait été faite plus tôt.

Quand Charles X abdiqua en faveur de son petit-fils, il était trop tard également. Il avait été mis en échec par la cessation de la lutte, concession qui avait été arrachée à sa faiblesse.

Et on le lui dit bien.

Malheureux princes !

Ils étaient bien ignorants des secrets de leur métier, ou ils avaient de bien pauvres ministres et de bien tristes serviteurs.

La division du pouvoir souverain et l'étranger.

Notre tâche ne serait pas complétement remplie, si nous n'ajoutions pas que l'antagonisme des pouvoirs souverains encourage les invasions étrangères en même temps que les révoltes intérieures ; autre danger plus redoutable que le premier, puisqu'il compromet l'indépendance nationale plus précieuse encore que la liberté. Les mêmes lois mystérieuses de la nature qui font que les conflits des pouvoirs encouragent les insurrections, font également que les mêmes conflits encouragent aussi les tentatives soudaines et les témérités inaccoutumées de l'ennemi contre vous.

L'Angleterre et les États-Unis, défendus par les mers, ne sont pas, sous ce rapport, dans le même cas que la France. Ces empires n'ont point, par conséquent, à redouter de la division du pouvoir souverain les mêmes malheurs que ce dernier pays.

C'est à quoi la France doit sans cesse refléchir.

Remarquez bien que la politique des Romains était de diviser les peuples avant de les combattre et de les conquérir. Remarquez que c'est parce que l'Angleterre était en conflit que Montesquieu a fait observer que Louis XIV aurait pu diviser ce royaume en deux parties séparées, et que c'est dans une situation analogue que Louis XVI a concouru à détacher les États-Unis de cet empire, ce qui a réussi.

MÊME SUJET.

Au surplus, l'effet que nous venons d'indiquer est réciproque. De même que les divisions des peuples encouragent l'ennemi, de même la présence de l'ennemi qui s'avance encourage, dans certains cas, les défections intérieures.

C'est encore là ce que les Romains savaient parfaitement bien.

L'Angleterre et les révolutions.

La France a, à côté d'elle, un pays, l'Angleterre, maintenant son allié, mais autrefois son ennemi, lequel est le seul, selon Montesquieu, qu'elle ait à redouter, et dont un premier ministre, M. Canning, a dit un jour en pleine tribune : « Je ne puis que redouter la guerre quand je pense au pouvoir immense de ce pays. Je sais qu'il verra se ranger sous ses bannières, pour prendre part à la lutte, tous les mécontents et tous les esprits inquiets du siècle, tous les hommes qui, justement ou injustement, ne sont pas satisfaits de la condition actuelle de leur patrie. L'idée d'une pareille situation excite toutes mes craintes, car elle montre qu'il existe un pouvoir entre nos mains, plus terrible, peut être, qu'on n'en vit jamais en action dans l'histoire de la race humaine. Mais s'il est bon d'avoir une force gigantesque, il peut y avoir de la tyrannie à en user comme un géant. La conscience de posséder cette force fait notre sécurité, et notre affaire est de ne point chercher d'occasions de la déployer, excepté partiellement, et d'une manière suffisante pour faire sentir qu'il est de l'intérêt des exagérés des deux côtés de se garder de convertir leur arbitre en compétiteur. La situation de notre pays peut être comparée à celle du maître des vents, telle que l'a décrite le poëte :

...... Celsâ sedet Æolus arce,
Sceptra tenens mollitque animos et temperat iras. »

Eh bien, depuis lors, ces menaces ont été successivement réalisées dans toute l'Europe, à moins que nos yeux ne nous aient trompés, et que le

Journal des Débats [1] et le *Journal l'Univers* [2] ne nous aient trompés de même.

Oui, voilà les armes de l'Angleterre contre la France, si l'Angleterre le voulait.

La situation, en conséquence, mérite d'être prise en très-sérieuse considération.

MÊME SUJET.

En effet, il ne suffit pas à une sage politique que l'entente soit parfaite entre la France et l'Angleterre, comme elle paraît l'être aujourd'hui; il faut, de plus, que l'on ne perde pas de vue qu'un désaccord entre les deux grands Etats est une éventualité que les intérêts différents des deux peuples rend toujours possible.

Un nautonnier prudent ne doit pas s'endormir parce que la mer est calme.

Il faut qu'il ait les yeux souvent tournés vers l'horizon.

Opinion de J. de Maistre sur le gouvernement parlementaire.

« On ne voit pas, dit Joseph de Maistre, que les nombreuses tentatives faites pour restreindre le pouvoir souverain aient jamais réussi d'une manière propre à donner l'envie de les imiter. L'Angleterre seule, favorisée par l'Océan qui l'entoure, et par un caractère national qui se prête à ces expériences, a pu faire quelque chose

1 *Journal des Débats* des 27 mai et 6 juin 1850.
2 L'*Univers* du 26 mai 1850.

dans ce genre ; mais sa constitution n'a point encore subi l'épreuve du temps : déjà même cet édifice fameux qui nous fait lire dans le fronton, M. D C L X X X V I I I, semble chanceler sur ses fondements encore humides. Les lois civiles et criminelles de cette nation ne sont point supérieures à celles des autres. Le droit de se taxer elle-même, acheté par des flots de sang, ne lui a valu que le privilége d'être la nation la plus imposée de l'Univers [1]. »

Joseph de Maistre, qui écrivait cela en 1817, serait bien étonné de voir ce qu'est devenu depuis cette date le budget de la France.

Du dévouement des masses.

De 1789 à 1792 les assemblées résistèrent sans cesse au roi sans qu'on les en empêchât, et l'émeute grondait toujours sans qu'on la réprimât. Aussi, la conséquence pour tout le monde était facile à prévoir, et il fallait bien qu'il en arrivât ce qui en est arrivé.

Le dévouement reculait pendant que l'attaque avançait.

L'amour du peuple, c'est la baguette magique du pouvoir qui le donne. Quand on n'a plus cette baguette, cet amour vous abandonne. Alors tous les dévouements qui vous entourent s'évanouissent en réalité, malgré leur présence apparente. Ils disparaissent au fond comme la neige devant les rayons du soleil.

[1] *Du Pape*, liv. II, chap. IV.

Ils conservent bien leur cocarde, ils risquent bien leurs conseils, mais ils ne risquent plus leur vie.

Voyez l'assemblée législative après le 2 décembre.

Ce n'est plus elle que l'on encense, c'est le Président de la république.

C'eût été tout le contraire, si l'assemblée l'eût emporté.

C'est le malheur des gouvernants de tout rang et de toute nature de penser différemment.

L'amour ne va qu'à la puissance.

Considérations présentées à l'assemblée constituante.

En 1848, nous conseillâmes à la république de ne point diviser la souveraineté politique, et nous formulâmes le principe sur lequel elle devait baser son existence. Par une coïncidence singulière, une proposition parlementaire, sur un plan semblable, prenait naissance en même temps dans le propre sein de l'Assemblée constituante. Cette proposition est connue sous le nom d'*amendement-Grévy*.

Nous demandâmes, quant à nous, que l'assemblée restât seule souveraine, et qu'elle nommât, elle-même, au scrutin secret, un président du conseil, toujours révocable, chargé de former un cabinet et de gouverner avec lui.

Voici les considérations dont nous fîmes précéder notre proposition :

« Disons que toutes les journées révolutionnairés de la France sont le résultat des conflits survenus entre les pouvoirs indépendants entre eux, et souvent aussi le résultat de la complicité de ces pouvoirs avec les instruments de renversement, quand ils n'ont pas été eux-mêmes les auteurs directs des révolutions;

Que si nos changements de gouvernement et si nos journées révolutionnaires ont été, dans l'esprit d'un grand nombre d'hommes, un bonheur pour la France, ils ont été, dans l'esprit de beaucoup d'autres, un malheur pour elle; qu'il importe, en conséquence, de mettre un terme à de nouvelles révolutions, sans cesse amenées par les conflits des pouvoirs créés indépendants l'un de l'autre, ce qui est une cause continuelle de déchirements; qu'il y a urgence, dès lors, à constituer l'unité de pouvoir, qui ne peut résider en ce moment que dans l'Assemblée nationale ; et par l'Assemblée nationale dans la personne d'un président du conseil, nommé par elle, chargé de former un ministère pour gouverner avec lui [1] ;

Que, par cette conduite, on évitera des déchirements nombreux et des révolutions sans fin, puisque l'Assemblée nationale sera seule souveraine; que, d'une part, il n'existera pas de pouvoir exécutif rival, à vie ou à temps (ne fût-il nommé que pour trois mois, comme autrefois le Comité de salut public), pour oppri-

[1] Quand ces lignes ont été écrites, nous étions sous l'autorité de la commission exécutive.

mer l'Assemblée nationale, la décimer, ou l'empêcher d'agir dans sa force et dans sa liberté, par la crainte, qu'il aura pour lui-même, d'un scrutin de renvoi constamment suspendu sur sa tête ; que, d'autre part, l'Assemblée nationale, n'étant jamais liée par une constitution ou un contrat quelconque avec aucun pouvoir à vie ou à temps, indépendant d'elle, n'aura jamais besoin de révolutions ou de combats sanglants pour renverser un pouvoir exécutif qu'elle pourra toujours briser, quand elle le voudra, par un simple scrutin de remplacement ;

Que, pour constituer l'unité du pouvoir, il importe que tous les agents de l'autorité émanent de ce pouvoir, qui est l'Assemblée nationale représentée par son président du conseil des ministres, chargé du pouvoir exécutif, c'est à-dire qu'il faut que ces agents soient nommés par le président du conseil choisi par l'Assemblée nationale, laquelle est l'élue de la majorité de la nation ; et qu'ils ne soient pas nommés dans des élections particulières qui ne sont jamais que des élections de minorité eu égard aux élections générales de la France ; que, par conséquent, il n'y a que le président du conseil élu par l'Assemblée nationale qui puisse nommer, au nom de l'Assemblée, à toutes les fonctions, même à celles de membres de la Commune de Paris et de commandant général de la garde nationale de Paris ; car, indépendamment des causes de sécurité et d'ordre public qu'offre ce mode de nomination, il est plus honorable pour un fonctionnaire, petit ou grand, d'être choisi par un gouvernement élu par la nation entière, que d'être nommé par un petit nombre d'électeurs isolés ne représentant point la majesté nationale ;

Que, sous la monarchie constitutionnelle, la maxime d'État était celle-ci : « Le roi règne et ne gouverne pas ; » que la fonction du roi était de nommer les ministres selon le vœu de la majorité ; que, par conséquent, c'était la majorité qui en réalité faisait les ministres ; que, dès lors, la prépondérance des assemblées monarchiques était toute-puissante ; que nommer ou révoquer un président du conseil des ministres au scrutin, est absolument la même chose que de le désigner ou de le renverser par toute autre forme de manifestation ; que créer un pouvoir exécutif indépendant pour signer la nomination d'un ministère, comme faisait la royauté, serait faire beaucoup plus mal que ce qui existait ; que créer un pouvoir exécutif pour faire plus qu'un roi, serait faire une chose tout à fait extraordinaire ; que créer un pouvoir exécutif pour faire moins que de signer la nomination d'un ministère, serait faire une singulière puérilité ;

Que la croyance commune où l'on est qu'un pouvoir exécutif à vie ou à temps offre plus de garanties de liberté et d'indépendance aux assemblées nationales qu'un pouvoir exécutif héréditaire, est une illusion complète, ainsi que le démontre l'histoire des soixante années qui viennent de s'écouler, où l'on a vu les pouvoirs même les plus temporaires être les pouvoirs les plus agressifs ; car le Comité de salut public **tri-mestriel**, le Directoire quinquennal, ont eu beaucoup moins d'égards et de respect pour les Assemblées nationales que n'en ont eu les monarchies héréditaires de 1814 et de 1830 ; que citer l'exemple de la présidence des États-Unis pour le respect accordé aux assemblées délibérantes, n'est pas un exemple plus concluant que celui qu'offre la royauté d'Angleterre, qui respecte aussi ces assemblées ;

Qu'il est temps de faire justice des principes de certaines écoles historiques passionnées qui, préconisant la nécessité de la division des pouvoirs indépendants entre eux, s'en prennent aux temps de révolutions et de déchirements du peu de succès de leurs théories fatales ; tandis que c'est précisément leurs systèmes chimériques de la division, de la pondération, de l'équilibre des pouvoirs indépendants, et non la fatalité, qui enfantent les révolutions et les déchirements politiques ; que c'est aussi une erreur de croire que ce soit la difficulté des temps qui nuise à la durée des constitutions ; que précisément aussi ces constitutions ne durent pas parce qu'elles consacrent des pouvoirs rivaux l'un de l'autre, et c'est parce que ces pouvoirs ne peuvent pas longtemps marcher d'accord qu'il naît des conflits entre eux ; qu'alors ils déchirent les constitutions, ce qui amène toujours, à Paris, la révolte et l'insurrection, ainsi que cela s'est constamment vu depuis soixante ans, chaque fois qu'il y a eu dissentiment dans les pouvoirs souverains ;

Que les exemples des constitutions de l'Angleterre et des Etats-Unis, fondées sur la division des pouvoirs, ne sont pas des arguments sans réplique qui empêchent de condamner ces formes de gouvernement ; que l'Angleterre a eu ses déchirements, et qu'elle en aura encore, quoique le respect religieux pour l'autorité du prince, les liens dans lesquels la renferment l'aristocratie et le clergé, ainsi que l'intérêt de son commerce et de son industrie, doivent rendre ces déchirements moins fréquents ; que les États-Unis sont aussi placés dans une position exceptionnelle, puisque l'on n'y trouve pas une capitale telle que Paris ; et que les institutions de ce pays, au lieu d'être centrales, comme en France, sont fédératives ; que d'ailleurs il est plus difficile de révolutionner une multiplicité d'États que de révolutionner un État unique ; ce qui fait que l'on n'entreprend pas ce qui n'est pas exécutable ; qu'une période d'harmonie plus longue de quelques années qu'une autre période n'est pas une garantie que l'on puisse présenter aujourd'hui, après toutes les expériences qui ont été faites, comme une garantie d'ordre intérieur que l'on doive accepter aveuglément ;

Qu'étant reconnu que la souveraineté délégatrice ne peut régner en France, à cause de l'étendue du pays, comme elle aurait pu le faire dans les démocraties antiques ; que cette souveraineté ne peut agir évidemment que par une souveraineté déléguée à un homme ou à une assemblée nationale, il est indispensable que

14.

cette souveraineté ne soit pas divisée, et qu'elle conserve l'*indivisibilité* et l'*unité* de son exercice;

Qu'autrement, la règle que la minorité doit se soumettre à la majorité, après une discussion libre, serait non-seulement un mensonge, mais serait encore cette même impossibilité qui fait toutes nos révolutions et tous nos malheurs, en créant tous les antagonismes et tous les conflits possibles;

Que notre esprit comprend très-bien, en effet, le pouvoir d'un seul homme; qu'il comprend très-bien également le pouvoir d'une seule majorité; quand, d'une part, comme de l'autre, il n'y a qu'une seule volonté souveraine qui doive être obéie; mais que l'on ne peut comprendre cette monstruosité de la souveraineté divisée; monstruosité qui fait qu'un président ou un roi a une volonté indépendante,—une première chambre une volonté indépendante,—une deuxième chambre une volonté indépendante,—ce qui équivaut à trois majorités ou volontés indépendantes;

Que, dès lors, en présence de deux ou trois majorités, ou de deux ou trois volontés, on peut se demander ce que deviendra le pays quand ces volontés ne seront pas d'accord, quand elles seront en lutte, puisqu'elles semblent être déléguées justement pour avoir le droit de se contrecarrer entre elles dans une seule chose qui s'appelle le gouvernement, et qui consiste dans la formation, la conservation ou le renvoi d'un ministère quelconque, dont chacun voudra toujours se mêler directement ou indirectement ; affaire qui est bien une seule chose, malgré les divisions factices et les soi-disant limites que l'on a voulu établir en théorie, où l'on fait ce que l'on veut, à la différence de la pratique, où l'on ne fait que ce que l'on peut ; pratique qui enseigne que toutes ces divisions et toutes ces prétendues l.mites sont impossibles à garder ou à maintenir dans l'exécution.

Qu'il demeure cependant bien entendu que c'est la division de la souveraineté, la division du pouvoir politique que nous repoussons, et non la division des pouvoirs administratifs, la division des services publics, que nous admettons au contraire ; division qui est aussi utile, aussi indispensable, que l'autre division est funeste et dangereuse ;

Que, dans notre opinion, rien ne serait changé, sous ce dernier rapport, à ce qui existait auparavant ; que le président du conseil, désigné par l'Assemblée nationale, comme le président du conseil, désigné par un roi constitutionnel, nommerait le pouvoir judiciaire inamovible, le conseil d'État pour préparer les lois et autant de ministres qu'il y aurait de branches de services publics ; car, sous les monarchies constitutionnelles, si c'est le prince qui signe les nominations des fonctionnaires, ce qui est une formalité, c'est bien le président du conseil qui nomme les agents de l'administration, ce qui est une réalité ;

Qu'en conséquence, il ne doit plus y avoir en

France de pouvoir exécutif indépendant de l'Assemblée nationale ; que l'Assemblée nationale nomme, à volonté, un président du conseil chargé d'organiser un ministère et de gouverner la France [1]. »

L'amendement de M. Jules Grévy, rédigé dans un sens équivalent à ces dernières lignes, n'obtint que 168 suffrages.

Or, on sait ce qu'il en est résulté. Si, au contraire, cet amendement eût obtenu la majorité, le conflit qui est arrivé entre l'Assemblée législative et le président n'aurait pas eu lieu, et la république eût pu se maintenir.

Le jour où l'*amendement-Grévy* devait se discuter, le 7 octobre 1848, M. Émile de Girardin disait dans la *Presse* : « Tous ceux qui ne veulent pas de la république n'ont qu'à repousser cet amendement ; s'il est rejeté, elle ne lui survivra pas longtemps. »

MÊME SUJET.

En 1848, l'auteur des *Tablettes des Révolutions* disait à l'Assemblée constituante [2] :

« J'accepte d'avance toutes les résolutions que vous prendrez dans un but d'ordre et de conservation.

La forme ne me fait rien, pas plus que le nom.

Le fond seul m'intéresse.

[1] *Tablettes des révolutions,* 3e édit., p. 27.
[2] *Ibid.,* 3e édit., p. 74.

Vous n'aboutirez jamais qu'à deux espèces de gouvernement : le gouvernement d'un seul ou le gouvernement de plusieurs.

Eh bien! je ne vois de gouvernement raisonnable, logique, durable, que le gouvernement d'une seule volonté.

La volonté d'un seul homme, ou la volonté d'une seule majorité. »

Il faut toujours un pouvoir pour renverser un autre pouvoir.

César, à Rome, avait le double gouvernement de la Gaule Transalpine et de la Gaule Cisalpine.

En 1793, la municipalité de Paris, qui était le levier des insurrections, s'était faite, dit M. Mignet, la première autorité de l'État.

Conclusion.

Nous avons été bien sévère dans nos appréciations sur le gouvernement parlementaire. Mais tout le monde sait qu'il n'y a rien d'absolu dans le monde. Nous ne sommes donc pas ennemi de tout ce qui ressemble de loin ou de près à cette forme de gouvernement. Nous avons voulu, avant tout, montrer les dangers de l'institution, afin que, dans l'avenir, on prenne un peu plus de garde à l'*instrument* qu'on ne l'a fait dans le passé.

Il ne faut pas que l'on nous en veuille pour cet usage de notre liberté. N'étant ni une *autorité* ni un *écrivain officiel*, ce que nous disons n'engage rien ni personne que nous.

Nous ne préconisons, non plus, aucun parti politique en particulier. Nous ne sommes pas plus

impérialiste aujourd'hui que nous n'étions *républicain* quand la première édition de ce livre a
paru. Ce livre eût vu le jour quand bien même
l'empire n'eût jamais existé.

Nous écrivons avec la même impartialité que
si nous étions à cent ans de distance des événements qui se sont passés près de nous.

Nous ne prétendons rien réformer, rien changer, rien condamner.

Nous voulons seulement éclairer.

Nous sommes un *machiniste politique* qui dé-
montrons les dangers d'une *machine politique,* en
respectant tous les gouvernements respectables.

Nous ne sommes pas autre chose.

Pilote dévoué à notre pays, nous lui montrons
les écueils pour qu'il évite les naufrages. Mais
c'est notre devoir, puisque Dieu le voulait,
de mettre ce miroir devant les yeux des pouvoirs pour qu'ils s'y regardent constamment,
et qu'ils n'accusent qu'eux-mêmes des bou-
leversements qui éclatent. A ce titre, notre
livre,—*qui n'a que le but unique que nous venons
d'indiquer,* — convient à tous les gouvernements
et ne peut nuire à aucun.

Maintenant, nous pourrons mourir tranquille,
nous avons rempli une tâche utile sur la terre ;
nous croyons même que le service que nous
rendons à notre pays est très-grand.

Dévoiler les secrets des révolutions, c'est les
empêcher de renaître.

FIN

TABLE.

Préface.............. .. 5
Citation............... 7
Première partie........ 9
Conflits des pouvoirs souve-
    rains. .... id.
Chronologie des journées ré-
    volutionnaires... ... id.
Journée du serment du jeu de
    paume .... id.
Journée de la séance royale du
    23 juin.............. id.
Journée de la prise de la Bas-
    tille................ 10
Journées des 5 et 6 octobre id.
Journée du 20 juin 1792.. id.
Journée du 10 août 1792. 11
Journée de septembre... id.
Journées des 31 mai et 2 juin 12
Journée du 9 thermidor.. id.
Journée du 12 germinal.. 13
Journée du 1 prairial 1795. id.
Journée du 13 vendémiaire 14
Conspiration de Babeuf.. id.
Journée du 18 fructidor.. 15
Journée du 22 floréal 1798 id.
Journée du 30 prairial... 16
Journée du 18 brumaire.. id.
Complot de la machine in-
    fernale.............. id.
Complot de Pichegru et de
    Georges Cadoudal.... id.
Conspiration Mallet.... 17
Conflit entre Napoléon et le
Corps législatif......... id.
Chute de l'empire....... 18
Journée du 17 avril 1827. 19
Journées des 19 et 20 novem-
    bre 1827............. id.
Révolution de juillet 1830 20
Journées des 5 et 6 juin. id.
Événements d'avril 1834. 21
Journée du 12 mai 1839. id.
Révolution de février 1848 id.
Journée du 15 mai 1848. id.
Journées des 23, 24, 25 et 26
    juin 1848............ 22

Journée du 13 juin 1849.. id.
Résultats............. id.
Deuxième partie.. 25
Réflexions politiques.... id.
La révolution, c'est la division
    du pouvoir souverain.. 29
Exemples 31
Même sujet............. 33
Les secrets des révolu-
    tions................ 34
Même sujet............. id.
La garde nationale...... 35
De la faiblesse de l'autorité et
    de l'audace des révolution-
    naires............... id.
Même sujet............. 37
Le secret de ceux qui ne veu-
    lent pas de révolutions. 38
Même sujet............. 39
Même sujet............. 40
Même sujet............. id.
Même sujet............. 41
Le fond des choses...... 42
Le bilan des révolutions de-
    puis 1789............ 44
Même sujet............. 48
Même sujet............. 49
Même sujet............. 50
Même sujet. .... id.
Digression............. 53
Les massacres de septembre. 54
Même sujet............. 55
La révolution et la guerre 56
Même sujet............. 57
Même sujet............. 58
De la division du pouvoir sou-
    verain dans le royaume d'É-
    gypte 59
Même sujet 60
De la division du pouvoir sou-
    verain à Rome........ 61
De la division du pouvoir sou-
    verain en Angleterre.. id.
Même sujet 63
Même sujet............. 64
Même sujet........ 66

De la division du pouvoir souverain en France et en Angleterre 68
Même sujet .... id.
Des situations politiques. 69
Même sujet 70
La liberté ne dépend pas de la division du pouvoir souverain 71
Montesquieu et la constitution d'Angleterre 73
Même sujet 74
Même sujet 76
Même sujet .... id.
Même sujet 77
Même sujet .... id.
Madame de Staël 78
Même sujet 83
Même sujet 84
Commentaire 85
Même sujet 86
Des mystères de l'attaque 87
Les maximes d'État et les traditions 89
Même sujet 90
Même sujet 92
Du grand débat de la chute des gouvernements .... id.
Même sujet 94
Même sujet .... id.
Question 95
Le long parlement et l'échafaud de Charles Ier 96
Cromwell et le gouvernement parlementaire 99
Même sujet 101
Même sujet 102
Du gouvernement des États-Unis 103
Même sujet 104
Même sujet 106
Des jugements de M. Thiers sur la révolution française. id.
Même sujet 112
Même sujet .... id.
Même sujet 113
Même sujet .... id.

Digression nouvelle 114
Même sujet 115
Un témoignage de Cicéron 117
Même sujet 120
De l'attroupement en France et de l'attroupement en Angleterre 122
De l'empêchement entre pouvoirs souverains 124
Même sujet 126
Même sujet 127
Même sujet 128
Du contrôle 129
Les députés et la volonté générale .... id.
De la diffusion de la souveraineté dans les familles. id.
Même sujet 135
Même sujet 138
Même sujet .... id.
Le coup d'Etat du 2 décembre .... id.
Même sujet 140
Les révolutionnaires 142
Opinions mal fondées sur la splendeur des Etats ... 143
Digression dernière ..... id.
Même sujet 145
Même sujet 147
De l'autorité 148
Des concessions tardives. 149
Même sujet 150
Même sujet .... id.
La division du pouvoir souverain et l'étranger 151
Même sujet 152
L'Angleterre et les révolutions .... id.
Même sujet 154
Opinion de J. de Maistre sur le gouvernement parlementaire 154
Du dévouement des masses 155
Considérations 156
Même sujet 135
Conclusion 135

LES ANGLAIS CHEZ EUX

Esquisses de mœurs et de voyage, par Francis Wey.
Un vol. grand in-18 jésus.   3 »

ANNIVERSAIRES ROYALISTES

Par Alexandre Rémy, rédacteur en chef de *la Mode*.
1 vol. gr. in-18 jésus.   3 »

ANNUAIRE DE LA NOBLESSE DE FRANCE

Et des Maisons souveraines de l'Europe, publié par
M. Borel d'Hauterive, archiviste-paléographe. Cet
ouvrage paraît tous les ans depuis 1843; chaque
année forme 1 vol. gr. in-18 jésus, de 400 pages,
orné de figures, et se vend séparément.
Planches noires.   5 »
— coloriées.   8 »

DES ARTS INDUSTRIELS

Et des exposants en France. Recherches et études
historiques, suivies de documents et de renseigne-
ments utiles sur l'exposition de 1855 par Henri
Bacquès. Un vol. in-18 jésus.   2 »

DE L'AUTORITÉ

Dans les Sociétés Modernes, ou examen comparatif du
principe révolutionnaire et du principe chrétien; par
Blot-Lequesne, avocat à la Cour Impériale. 1 vol.
in-8°.   5 «

CAMPAGNES D'ITALIE ET DE HONGRIE

En 1848, par un Capitaine de chevau-légers, 1 vol.
in-8°, orné de dix gravures.   3 »

LE CHEVAL

Traduit de l'ouvrage anglais *The Horse*, de William Youatt, par H. Cluseret, ancien élève de l'École des haras. 1 vol. gr. in-18 jésus.   3 »

LES CINQ LANGUES

Ou *le Français, l'Anglais, l'Allemand, l'Espagnol* et *l'Italien*, véritablement parlés en 60 leçons, par une méthode unique, à la portée de tout le monde. 4 forts vol in-12, à 2 colonnes, par Bescherelle jeune. 24   »

LES CLUBS ET LES CLUBISTES

Histoire complète, critique et anecdotique des clubs et des comités électoraux, fondés à Paris depuis la révolution de 1848. Déclarations de principes, règlements, motions et publications des sociétés populaires ; Détails inédits sur les principaux clubistes, sur l'esprit, les tendances et les actes des réunions dont ils faisaient partie, etc., etc., terminés par une Table alphabétique de plus de 3000 noms cités dans l'ouvrage, par Alphonse Lucas. 2º édition. in-18 jésus. 1 fort vol. Prix :   2   »

CONGRÈS DE VIENNE

Acte principal et Traités additionnels. Édition complète, collationnée sur les Documents officiels. 1 vol. in-8º.   1 50

CONTES POUR LES JOURS DE PLUIE

Par Édouard Plouvier, précédés d'une préface par George Sand. Seconde édition ornée d'une jolie vignette. 1 vol. grand in-18 jésus.   3 »

CRIS DE GUERRE

Et Devises des États de l'Europe, des provinces et villes de France, des familles nobles de France, d'Angleterre, des Pays-Bas, d'Italie, de Belgique, etc.; des abbayes et chapitres nobles des ordres civils et militaires, etc., etc.; par M. le comte de C. 1 vol. in-18.   1   50

DICTIONNAIRE HISTORIQUE

Des ordres de chevalerie créés chez les différents peuples depuis les premiers siècles jusqu'à nos jours, pas H. Gourdon de Genouillac, auteur de la Grammaire héraldique. 1 vol. gr. in-18 jésus.   2   »

ÉLÉVATIONS ET PRIÈRES

Par H. de Lourdoueix. Troisième édition ; *ouvrage approuvé et recommandé par notre archevêque martyr,* Monseigneur Affre. 1 joli vol. in-32 jésus, papier satiné.   1   »

L'ÉTERNITÉ DÉVOILÉE

Ou Vie Future des Ames après la Mort. par Henry Delaage, 3e édition. 1 vol. in-8º, orné du portrait de l'auteur.   5   »

GÉOLOGIE

Appliquée aux arts et a l'agriculture, comprenant l'ensemble des révolutions du globe, par MM. C. d'Orbigny et A. Gente. Nouvelle édition. 1 vol. in-8º orné de vignettes intercalées dans le texte et d'un tableau gravé sur acier.   6   »

LES GRANDS CORPS POLITIQUES DE L'ÉTAT

Biographie complète des *Membres du Sénat*, du *Conseil d'État* et du *Corps législatif*, contenant l'indication exacte de leurs adresses dans Paris, la constitution et tous les décrets officiels sur leurs attributions et leur organisation, par un *ancien aeputé*. Deuxième édition. 1 fort vol. in-18.   3   »

HISTOIRE FINANCIÈRE DE LA FRANCE

DEPUIS L'ORIGINE DE LA MONARCHIE, précédée d'une Introduction sur le mode d'impôts en usage avant la Révolution, et suivie de Considérations sur la marche du crédit public et les progrès du système financier, par JACQUES BRESSON, 2 volumes in-8º.   10   »

HISTOIRE DE LA FORMATION DE L'ÉQUILIBRE EUROPÉEN

Par FRANÇOIS COMBES, professeur d'histoire au collége Stanislas, auteur de l'*Histoire diplomatique de la Russie en face de Constantinople,* etc. 1 volume in-8º.   7

HISTOIRE DES MORISQUES

Ou des Arabes d'Espagne, sous la domination des Chrétiens, par M. le comte ALBERT DE CIRCOURT. 3 vol. in-8º.   10   »

HISTOIRE NATURELLE

A l'usage des femmes et des jeunes personnes; par Mme ACHILLE COMTE, 3e édition. 1 volume grand in-18 jésus, orné de 200 figures intercalées dans le texte.   3   50

HISTOIRE DES NÉGOCIATIONS DIPLO-MATIQUES

Relatives aux traités de Mortfontaine, de Lunéville et d'Amiens, pour faire suite aux Mémoires du roi Joseph ; précédées de la *Correspondance inédite de l'empereur Napoléon Ier avec le cardinal Fesch* ; publiées par A. du Casse. 3 vol. in-8º. 18 »

HISTOIRE DE LA POLITIQUE COMMERCIALE

De la France et de son influence sur le progrès de la richesse publique depuis le moyen âge jusqu'à nos jours, par Charles Gouraud. 2 vol. in-8º. 12 »

HISTOIRE POPULAIRE DES GUERRES DE LA VENDÉE

Récits de la Veillée, par un *enfant du Bocage.* 1 volume in-12. 2 50

HISTOIRE DE LA SOCIÉTÉ FRANÇAISE

Pendant la Révolution, par Edmond et Jules de Goncourt. Seconde édition. 1 vol. grand in-8º cavalier. 5 »

HISTOIRES DE VILLAGE

Par Alexandre Weill. 1 vol. grand in-18 jésus. 2 »

LES HOMMES D'ÉTAT DE L'ANGLETERRE.

Au XIXe siècle, par le comte A. de la Guéronnière. 1 fort vol. grand in-18 jésus. 3 »

JULES CÉSAR

Tragédie de Shakspeare, traduite de l'anglais en vers français, par Auguste Barbier, auteur des *Iambes.* Nouvelle édition, revue et corrigée, ornée de deux jolis portraits gravés. 1 vol. grand in-18 jésus. 3 »

LES LANTERNES

Histoire de l'ancien Éclairage de Paris, suivi de la réimpression de quelques poëmes rares, etc., par Edouard Fournier, brochure. in-8º, tirée à petit nombre.   2   »

LA LÉGION D'HONNEUR

Son Institution, sa Splendeur, ses Curiosités, Mémoires pour servir à l'histoire de France, de 1802 à 1815, par Alex. Mazas, ancien officier d'état-major, auteur des *Grands Capitaines français au moyen âge*, etc., etc. 1 vol. in-8º.   5   »

LETTRES DE MADEMOISELLE AISSÉ

A madame Calendrini. Cinquième édition, revue et annotée par M. Ravenel, conservateur adjoint à la Bibliothèque impériale ; avec une notice par M. Sainte-Beuve, de l'Académie française. 1 vol. gr. in-18 jésus, orné de 2 portraits.   3   »

LE LIVRE DES ROIS

(Principes de politique fondamentale), par Alexandre Weill.) 1 vol. in-8º.   5   »

MANIÈRES DE VOIR ET FAÇONS DE PENSER

Par Gavarni, préface par Edmond et Jules de Goncourt. 1 vol. sur papier glacé. (Sous presse).

MANUEL ÉLÉMENTAIRE

De l'Aspirant Magnétiseur, par J. A. Gentil. 1 fort vol. gr. in-18 jésus.   2   50

MÉMOIRES SUR LES ÉVÉNEMENTS DE JUILLET 1830

Par M. le vicomte DE FOUCAULD, ancien colonel de la gendarmerie. 1 vol. in-8º.   2 50

MÉMOIRES DU PRÉSIDENT HENAULT

De l'Académie française, écrits par lui-même, recueillis et mis en ordre par son arrière-neveu M. le baron DE VIGAN. 1 vol. in-8º.   6 »

MÉNAGE ET FINANCES DE VOLTAIRE

Avec une introduction sur les mœurs des cours et des salons au XVIIIᵉ siècle, par LOUIS NICOLARDOT. Un fort vol. in-8º.   7 50

MENSONGES RÉVOLUTIONNAIRES

Par ALEXANDRE RÉMY, rédacteur de *la Mode*. 1 vol. gr. in-18 jésus.   3 »

MONSEIGNEUR LE DUC DE BOURBON

Prince de Condé (complément), suivi de la mort de Mgr le duc d'Enghien, par M. le comte A. R. DE VILLEMUR. 1 volume in-8º.   4 »

LES MYSTÈRES DE LA MAGIE

Ou les SECRETS DU MAGNÉTISME dévoilés, suivi d'un aperçu sur la Magie de M. Dupotet, et la Danse des Tables, par A. SÉGOUIN. Deuxième édition. 1 vol. in-12.   2 50

MYSTÈRES DE LA CRÉATION

Traduit de l'hébreu par ALEXANDRE WEILL. 1 vol. grand in-18 jésus.   1 50

LES MYSTÈRES DU SOMMEIL ET DU MAGNÉTISME

Histoire physiologique et anecdotique du somnambulisme naturel et magnétique. — Songes prophétiques, Extases, Visions, Hallucinations, etc., etc. ; par A. Debay.—Cinquième édition, entièrement revue et augmentée. 1 vol. gr. in-18 jésus.   3   »

NOUVEAU TABLEAU DE LA BOURSE DE PARIS

Conseils aux spéculateurs, par A. G. de Mériclet, huitième d'agent de change. Seconde édition. 1 vol. in-18.   1   50

NOTES D'UN VOYAGE DANS L'OUEST DE LA FRANCE

Par Prosper Mérimée, inspecteur général des monuments historiques. 1 vol. in-8º.   7   50

NOTES D'UN VOYAGE EN AUVERGNE

Par Prosper Mérimée, inspecteur général des monuments historiqnes. 1 vol. in-8º.   7   50

NOUVELLES ET CHRONIQUES

Par Alexis de Valon.—Aline Dubois.—Le châle vert. —Catalina de Erauso.—François de Civille. Nouvelle édition. 1 vol. gr. in-18 jésus.   3   »

DE L'ORGANISATION ET DES ATTRIBUTIONS

Des Conseils Généraux de Département et des Conseils d'Arrondissement, par J. Dumesnil, avocat à la cour de cassation et au conseil d'État, membre du conseil général du Loiret. Troisième édition, augmentée d'un nouveau supplément. 2 forts vol. in-8º.   12   »

LES PÈLERINS D'ORIENT

Voyage dans les provinces danubiennes, la Turquie, la Syrie et la Palestine, avec mission du gouvernement, par Félix Pigeory, architecte de la ville de Paris. Ouvrage accompagné d'une carte de la Palestine et d'un plan de Jérusalem. 1 fort vol. grand in- 18 jésus de 500 pages. 4 »

LA QUESTION D'ORIENT DEVANT L'EUROPE

Documents Officiels, manifestes, notes, firmans, circulaires, etc., depuis l'origine du différend; annotés et précédés d'une exposition de la question des Lieux saints, par M. A. Ubicini, auteur des *Lettres sur la Turquie*. 2e édition. — Un vol. gr. in-18 jésus. 3 »

LES RESSUSCITÉS

Au Ciel et dans l'Enfer, par Henri Delaage. 1 vol. in-8°. 5 »

LA RÉVOLUTION DANS LES MOEURS

La Famille—le Monde—les Jeunes Gens—le Mariage—les Jeunes Filles à marier—les Gens riches—les Lettres et les Arts—la Pudeur sociale — le Catholicisme.—Par Edmond et Jules de Goncourt. 1 vol. grand in-18 jésus. 1 »

RIMES LÉGÈRES

Chansons et Odelettes. 1 vol. gr. in-18 jésus. 4 »

ROSSINI, SA VIE ET SES OEUVRES

Par Escudier frères, précédé d'une introduction : *l'Avenir de Rossini,* par Méry, 2e édition. 1 vol. gr. in-18 jésus. 3 »

LES SOCIALISTES DEPUIS FÉVRIER

Portraits critiques et biographiques, esprit et tendances des réformateurs modernes, par M. JULES BREYNAT, docteur en droit, sous-préfet. Quatrième édition. 1 vol. grand in-18 jésus.   2   50

LA SYRIE, LA PALESTINE ET LA JUDÉE

Pèlerinage à Jérusalem et aux Lieux Saints, par le RÉV. P. LAORTY-HADJI, 1 vol. gr. in-18 jésus.   3   »

DES TABLES TOURNANTES

DU SURNATUREL EN GÉNÉRAL ET DES ESPRITS. — Faits et principes.—Par le comte AGÉNOR DE GASPARIN. 2 fort vol. grand in-18 jésus de 500 pages chacun.   8   »

TABLETTES DES RÉVOLUTIONS DE LA FRANCE

De 1789 à 1848, et Études sur leurs Secrets, ou Conflits des Pouvoirs souverains dans les affaires d'État, par M. CADIOT. Quatr. édit. 1 vol. in-32. 2

TRAITÉ DE LA CULTURE DES FLEURS

ET ARBUSTES D'AGRÉMENT, par VICTOR BRÉANT et BOITARD, *ancien rédacteur du Bon Jardinier*. Un joli volume in-18 de 500 pages.   4   »

TRAITÉ COMPLET ET PRATIQUE DE PHOTOGRAPHIE

Sur plaque, sur papier, sur verre et sur toile, etc. par le comte DE LA SOR et A. TEXIER. 1 vol. grand in-18 jésus.   5   »

VIES DES GRANDS HOMMES D'ALLEMAGNE..

Schiller, par ALEXANDRE WEILL. 1 vol. in-8º.　1 50

LE VÉRITABLE MANUEL DES CONJUGAISONS

ou Dictionnaire des 8,000 Verbes de la langue française conjugués par ordre alphabétique de terminaisons; ouvrage entièrement neuf, par MM. BESCHERELLE frères, 4ᵉ édit., 1 v. in-12.　3 75

VOYAGE DANS LE ROYAUME DE GRÈCE

Par EUGÈNE YEMENIZ, précédé de Considérations sur le génie de la Grèce, par VICTOR DE LAPRADE. 1 vol. in-8º.　5 »

DE L'ACTION DU TABAC SUR LA SANTÉ

Et de son influence sur le moral et l'intelligence de l'homme; par le docteur B. BOUSSIRON. Quatrième édition. Brochure in-8º.　1 »

LE JEU DE DAMES A LA POLONAISE

Ou traité historique de ce jeu, sa marche, ses règles, leur explication et plusieurs observations relatives, avec un grand nombre de positions curieuses; par MANOURY. Suivi d'un recueil de coups de dames. — Nouv. édit. 1 vol. grand in-18 jésus, figures.　2 »

[CHOIX DE MAXIMES

Tirées des moralistes anciens ou grec, latins et français; par A. V. JACOTOT fils. — En vente : *Choix de Maximes* tirées des Moralistes anciens : Marc-Aurèle, Xénophon, Épictète, les Sept Sages, Théognis, Phocylide, Démocrate, les Vers dorés.　» 50

Paris. — Imprimé chez Bonaventure et Ducessois, 55, quai des Augustins.